全国特色ある研究校便覧

令和６・７年度版

全国連合小学校長会 編

まえがき

全国連合小学校長会は、結成以来、我が国の小学校教育の充実・発展のため、真摯に研究と実践を重ねるとともに教育条件の整備に努め、多大な成果をあげてきた。これからの社会が、Society5.0の実現に向けて大きく変化していくことを想定し、コロナ禍後の学校教育においても新たな学校の役割について再認識し、新たな学びへの進化を図る学校運営・教育活動を推進することが求められている。

そのことを踏まえて、主体性をもって生きていくためには、対応力を付けるという発想から、変化の中で自ら新たな価値を創り出す力を付けるという発想への転換が必要である。コロナ禍で学んだ答えを見いだしにくい問いに立ち向かい、多様な立場の者と協働しながら最適解や納得解を生み出す力が求められる。そして、ＳＤＧｓに代表される持続可能な社会の創造者を育成するため、学力の三つの柱をバランスよく育む教育を実現していかなければならない。そのために、校長は、判断力と決断力をもって学校組織の活性化を図り、総意ある教育課程の編成・実施・評価・改善に努め、明確なビジョンを掲げて、「学校を元気にする」ことに努めていくべきである。

そして、学校における働き方改革の実現をはじめとした、山積する教育課題の解決に全力で立ち向かっていかねばならない。さらに、被災三県等の教育復興に係る人的措置も含めた教育諸条件の整備や、風化させないための継続的な支援を進めていく必要がある。

全国連合小学校長会は、研究主題「自ら未来を拓き ともに生きる豊かな社会を創る 日本人の育成を目指す小学校教育の推進」を掲げ、第七十六回研究協議会徳島大会、第七十七回研究協議会福岡大会に臨む。これまでの成果を礎に、研究協議を更に深めて進めていきたい。

この『全国特色ある研究校便覧』に掲載されている二百二十二校の研究校は、いずれも地域に即した特色があり、様々な研究指定を受けている学校が多く、研究の成果をあげている。また、研究に関わる情報提供や管外視察等に十分に資する学校でもある。全国連合小学校長会、約一万八千余名の会員の指標となる優れた実践が掲載されている本書が、全国の教育現場において十分に活用されることを心から期待する。

終わりに、本書の作成に当たり、多大なご協力をいただいた各都道府県小学校長会、ご執筆いただいた当該小学校長、さらには、編集に当たられた本会の広報部長並びにシリーズ等編集委員会の皆様に心より感謝の意を表する次第である。

令和六年四月

全国連合小学校長会長

植村洋司

全国特色ある研究校便覧　もくじ

▽**本書利用に際して**△

○もくじは研究テーマ別になっています。
○視察地区が確定の場合は、巻末の都道府県別索引をご利用ください。
○本文の学校名の右に示した①～⑦の記号は以下の通りです。
①校長名、②学級数（内特別支援学級数）、③児童数、④学校所在地、⑤電話、⑥交通の便、⑦ＨＰ（ホームページ）の有無

Ⅰ　学校経営

1　「生きる力」を育む学校経営

4　児童が充実感や成就感をもてる学校経営

5　校内組織の活性化を目指す学校経営

6　地域社会・家庭との連携

7　幼保小中の連携

8　小中一貫

3 社会に開かれた教育課程

4 カリキュラム・マネジメントの推進

5　プログラミング教育

6　食　育

7　環境教育

11 安全・防災教育

12 各教科

国語

社会

体育

特別活動

13　特別の教科　道徳

14　外国語活動・外国語科

15　総合的な学習の時間

16　インクルーシブ教育・特別支援教育

17　指導法の工夫

I　学校経営

●「生きる力」を育む学校経営
●創意ある学校経営
●地域社会の特色を生かした学校経営
●児童が充実感や成就感をもてる学校経営
●校内組織の活性化を目指す学校経営
●地域社会・家庭との連携
●幼保小中の連携
●小中一貫
●コミュニティ・スクール（学校運営協議会制度）
●コロナ禍における新しい学校経営

◇北海道別海町立別海中央《べつかいちゅうおう》小学校

①根本　渉　②二四（一二）　③三三五　④北海道野付郡別海町別海旭町四三一―一　⑤〇一五三（七五）二〇五四　⑥JR北海道根室本線厚床駅よりバス二五分徒歩一〇分、又は根室中標津空港よりバス四〇分徒歩一〇分　⑦HP㊒・無

未来へたくましく、しなやかに生きる子どもの育成
――働き方・人材育成を通じ質の高い教育活動へ――

本校は、平成二十五年度から北海道教育委員会の「学校力向上に関する総合実践事業」指定を十一年間受け、管理職のリーダーシップの下、全教職員が一つのチームとなって包括的な学校改善を図り、今日的な教育課題を解決する学校モデルを構築し、実践成果を普及、啓発している。特に令和五年度からは、「未来への投資となる教職員の人材育成」と「質の高い教育へつながる働き方改革の推進」を柱として、近隣四校（中二校、小二校）の中核校として地域協議会を組織し、協働的な組織体制の確立に向け、実務レベルの協議を重ね、実践的な取組を進めている。

なお、令和五年十一月には、その成果の一つとして、公開研究会を発表した。

〈近隣の教育・文化施設〉　道東に位置し、オホーツク海からは北方領土を間近に確認できる。また、生乳生産量日本一の酪農王国、ホタテや鮭などの豊富な海産資源のある町でもある。

◇秋田県大館市立花岡《はなおか》小学校

①虻川麻里子　②五（特一）　③四五　④秋田県大館市花岡町字根井下二二　⑤〇一八六（四六）一六一五　⑥JR奥羽本線大館駅より徒歩一時間一八分又はタクシーで一二分　⑦HP㊒・無

自立した子どもの育成
――「勇気・つながり・チャレンジ」を合言葉に――

本校教育目標「自立した子どもを育てる」の具現化のため、児童主体の学びの尊重という共通認識のもと全職員で取り組んでいる。平成二十七年度スタートの「まちづくり花岡チャレンジ活動」では「フラワーストリート」や「シャイニングストリート」など様々な企画を実現し、地域活性化の一助となっている。六年生が計画し全校で取り組むこの活動では、困難を乗り越える過程こそが学びであると考え、やり直す時間を保障し、渉外も児童に委ねている。また主に算数科では、児童の進行により考えを出し合い、練り合い、課題に向かってまとめていく探究型授業を「チャレンジ授業」と名付け、自らが学びの主体であろうとする子どもの育成を目指している。

〈近隣の教育・文化施設〉　ハチ公の故郷大館市において鉱山の街として栄えた花岡地区には、故鳥潟隆三《とりかたりゅうぞう》医学博士が寄贈された「鳥潟会館（県指定文化財・名勝）」や「花岡平和記念館」がある。

◇福岡県福岡市立百道浜《ももちはま》小学校

①竹下清近　②一八（特一）　③四七五　④福岡県福岡市早良区百道浜四―二四―一　⑤〇九二（八四五）七七五〇　⑥福岡市営地下鉄藤崎駅より徒歩一五分、又は西鉄バスももち浜クリニックゾーン前停留所より徒歩三分　⑦ＨＰ㊒・無

ＩＣＴを活用し新しい時代を生きる児童の育成
――ＩＣＴ教育推進モデル校の取組を通して――

本校は、令和二年度十二月から、ＧＩＧＡスクール構想により実現された一人一台端末の環境を活用し、「ＩＣＴを用いることが当たり前となる新しい時代を生きるために、情報や情報手段を主体的に選択し活用していくための『情報活用能力』を身に付け、情報社会に対応していく力を備えた児童の育成」を目指し学校経営に取り組んでいる。具体的には、児童の育成の面と教職員の働きやすい職場づくりの面とを学校経営の基本構想におき、令和四年度ＩＣＴ教育推進モデル校を機に、より子どもたちの学びにＩＣＴが効果的に活用され深化していく「新たな学び」の構築とともに、市内学校との連携を目指した研修などの事例創出にも取り組んでいる。

〈近隣の教育・文化施設〉　早良区百道浜校区には、福岡市のシンボル「福岡タワー」や国宝金印が所蔵されている「福岡市博物館」、「福岡市総合図書館」など福岡市の特色が学べる施設が多くある。

◇山形県米沢市立窪田《くぼた》小学校

①佐々木英明　②一四（特二）　③三〇〇　④山形県米沢市窪田町窪田六五五―三　⑤〇二三八（三七）五二七四　⑥ＪＲ奥羽線置賜駅より徒歩二〇分、米沢駅よりタクシーで一〇分　⑦ＨＰ㊒・無

ウェルビーイングを基盤に学校を創る
――「日本一優しい学校をつくろう」を合言葉に――

本校では、「日本一優しい学校をつくろう」をスローガンに掲げ、教職員と児童が「あいさつ」「ありがとう」「あたたかい言葉がけ」の三つの「あ」を心掛けた学校生活を送っている。子どもたちが、そして、教職員が、明日も来たいと思う学校を実現するには、まず、「ウェルビーイング」が成立していなければならない。良好な人間関係によって、もたらされる「幸福感」があってこそ、学習や仕事に取り組む意欲が生まれ、未来への希望や夢を描くことができる。取組の二年目、学習課題の解決に向かって、児童同士、児童と教師が、主体的かつ協働的に思考を深める探究型学習の中で、瞳輝く子どもと教師の姿が随所に見られるようになってきた。

〈近隣の教育・文化施設〉　「上杉博物館」と「置賜文化ホール」の複合施設「伝国の杜」、「米沢市立図書館」と展示スペースの複合施設「ナセＢＡ（なせば）」、よねざわ昆虫館、児童会館がある。

◇千葉県館山市立館山《たてやま》小学校

①神作正孝　②二〇（特八）　③三五〇　④千葉県館山市館山三一七　⑤〇四七〇（二二）二一五五　⑥JR内房線館山駅よりバス七分、館山小学校前下車、徒歩五分　⑦HP㊒・無

進んで学習する子どもの育成を目指して
――子どもに学習力を！　教師に授業力を！――

本校では、子どもの学習力・教師の授業力の向上を目指し、国語科・算数科・特別支援教育を中心に「授業力向上実践研究会」として、平成十七年より、年二回の公開研究会を継続開催してきた。子どもの学習力を向上させるためには、教師自身が常に向上心をもつことが大切であり、「教師の授業力を向上し、質の高い授業を行う」ことが、私たちの目指す子ども像の具現化には欠かせないものである。公開研究会を核にして、それに向けて日常的に授業力の向上を図っていくこと、またそのことを継続的に行っていくことが子どもの学習力を向上させ、「進んで学習する子ども」を育成することにつながると考えている。

〈近隣の教育・文化施設〉　学区には、房総の戦国大名・里見氏の居城跡を整備した「城山公園」がある。山頂には館山城がそびえたち、館山市街や館山湾を一望できる観光名所となっている。

◇三重県鳥羽市立菅島《すがしま》小学校

①橋本清久　②四（特一）　③二〇　④三重県鳥羽市菅島町一一二　⑤〇五九九（三四）二〇一一　⑥JR・近鉄「鳥羽駅」より徒歩七分、鳥羽マリンターミナルから市営定期船で一五分、菅島港から徒歩五分　⑦HP有・㊐

主体的に学習し、ともに学び合う子どもの育成
――確かな学力を育む複式授業――

鳥羽市の小学校は複式学級編制校や離島校があり、各校により地域性や環境の違いはもちろん言葉や文化にも違いがある。そのため、地域の独自性や地域力を生かすべく各校が教育方針を策定し、教育活動を進めている。

本校は、離島複式校であるため、複式の授業の充実に力を入れて取り組み、間接指導時に子どもが自分たちで意見の交流を深めることができる姿を目指している。また、子どもたちが地域の特色を外部の人に広める活動「島っ子ガイド」で郷土学習・海洋教育を進めるとともに郷土愛を育んでいる。

これらの取組は、学校運営協議会や地域の諸団体の多大なる協力を得て、保護者と連携し、現在まで継続している。

〈近隣の教育・文化施設〉　市立の「海の博物館」には、海と人との関わりをテーマに、漁師や海女が使用する道具などの実物展示や海の文化、歴史などの資料が展示されている。

◇京都府京都市立向島藤《むかいじまふじ》の木《き》小学校

①廣橋善樹　②九（特三）　③二一二　④京都府京都市伏見区向島藤ノ木町八二―五　⑤〇七五（六二三）〇〇四六　⑥近鉄向島駅　東へ徒歩一五分　または　向島駅前から近鉄バス利用　藤ノ木南下車三分　⑦ＨＰ㊒・無

資質能力の育成を目指す授業改善
――ユニット制を生かした学校システムの模索――

子どもたちに付けたい資質能力を、授業においてだけでなく、学校下の取組全体で付けていくため、これまで当たり前とされてきた学校の枠組にこだわらず、自由な発想（0ベース）で取り組もうと考えた。

なかでも、ユニット制（育成・低・中・高を各一ユニットと考え、生活クラスを縦割学級とする仕組み）と教科担当制を中心として、資質能力を構成するコミュニケーション力や粘り強さ、メタ認知力などの非認知能力を向上させる。学力向上を含め、子どもたちが社会で「たくましく生き抜く力」を付けていくことを目指そうと考えている。

〈近隣の教育・文化施設〉　京都市伏見区は酒づくりが盛んで、近隣には豊臣秀吉が築城した「伏見城」や、坂本龍馬に関わりの深い「寺田屋」など多くの観光地に囲まれている。

◇兵庫県神戸市立多井畑《たいのはた》小学校

①長谷川秀治　②一一（特二）　③二三一　④兵庫県神戸市須磨区友が丘三―一〇六　⑤〇七八（七九二）〇四五〇　⑥神戸市営地下鉄名谷駅より徒歩二〇分　⑦ＨＰ㊒・無

アフターコロナの夢のある学校づくり
――百五十周年記念を核とした児童活動の再生――

コロナ禍において制限がかけられた学校運営であったが、アフターコロナの今年、児童の活動の活性化と夢のある行事の模索を展開する。歌声や話合い活動、プレゼンテーション能力や表現力の育成を願って、ちょうど迎えた創立百五十周年記念を核とした学校運営の計画や配列を研究している。創立百五十周年記念式典では、児童の活動に重きを置き、学校の歴史、創立百五十歳を祝った歌づくり、創作ダンス、学校へのメッセージなど、各学年が児童の発達段階と話合い活動をもとにその過程を大切にしながら進めていった。また、創立百五十年を記念したキャラクターづくりも児童・保護者・地域を巻き込んで制作した。

〈近隣の教育・文化施設〉　校区には在原行平や源義経が祈願したと言われる「多井畑厄除八幡宮」があり、正月や御守礼祈祷祭のときは全国から人々が集まる。

◇和歌山県和歌山市立加太《かだ》小学校

①寺尾憲和　②七（特二）　③五〇　④和歌山県和歌山市加太一二一〇　⑤〇七三（四五九）〇〇四九　⑥南海加太線加太駅より徒歩五分　⑦HP㊒・無

子どもの可能性を引き出す加太っ子スタイルの創造
――加太「地域素材」との協働・共有――

令和四年度より、隣接する中学校とともに県内最初の「小規模特認校」の指定を受けている。幼・小・中の校舎が隣り同士にある立地条件を生かし、学校行事をともに行うなどの連携をしながら、地域の豊富な環境素材を生かした体験活動を充実させた教育を展開している。特に伝統的に受け継がれている「獅子舞」は地域の方の指導のもと、カリキュラム・マネジメントの観点をもちながら教育活動に位置付けている。

また、少人数のよさを生かし、自分たちで学習を進めていく力（個に応じた教育活動・自立的な教育活動・リーダーシップ教育）を育む方法や手段を研究に盛り込み取り組んでいる。加えて、充実した縦割り活動も多く取り入れている。

〈近隣の教育・文化施設〉　校区には、「雛流し」が行われる淡島神社や、役行者ゆかりの修験道の一行が修行を行う場所でもある、自然豊かで砲台跡が見学できる「友ケ島」がある。

◇広島県福山市立千田《せんだ》小学校

①石田典久　②二九（特一一）　③六〇八　④広島県福山市千田町三―一六―二六　⑤〇八四（九五五）〇〇〇二　⑥JR福塩線横尾駅より徒歩一五分　⑦HP㊒・無

子どもも教職員も挑み続ける学校づくり
――「もっとすごいSENDA」を目指して――

本校では、コロナ禍において、子どもたちの「やりたい」という想いを大事にしながら、「できない」理由ではなく、実現するための方法を子どもたちと模索する中で、学校教育目標を「挑む～学ぶ・想う・伸びる～」へと刷新した。一人一台端末の積極的活用の実践や、高学年教科担任制の導入など、教職員の様々な「挑む」実践を積み重ねてきた。今年度は、子どもも教職員も「やりたい」を軸とした「マイチャレンジ」を設定し、日常的に意識し、互いに励まし高め合いながら自己更新へつなげている。今後も、学校として目指す姿を問い直しながら、「もっとすごいSENDA」を目指した学校づくりに挑み続けていく。

〈近隣の教育・文化施設〉　福山市の誇る文化遺産の一つに、築城四百年を迎えた「福山城」がある。日本一駅から近い天守閣には鉄板張りが施され、他には類を見ない重厚さがある。

◇福岡県鞍手町立新延《にのぶ》小学校

①盛田政徳　②一〇（特二）　③一〇六　④福岡県鞍手郡鞍手町大字新延一五一一　⑤〇九四九（四二）〇二一五　⑥JR九州福北豊ゆたか線鞍手駅より徒歩五〇分、又はタクシー九分　⑦HP有・無

教育と人材の質の向上を目指す学校経営の創造
――近接学年複数担任制を軸とした教育活動――

本校は、二年後に創立九十周年を迎えるが、町内児童の急激な減少により五年後には町内六小学校の統合を控える。限られた条件の中で効果的な学校経営を行うため、令和四年度より「近接学年複数担任制」を実施し、課題である学力向上及び学級間の指導力格差についての改善に取り組み、教育と人材の質の向上を図っている。若年教員とベテラン教員を近接とし、教科指導・生徒指導・保護者対応等を協働することで、児童の自主性や自律心の育成及びOJTを通した若年教員の人材育成を進めている。教員間の人間関係づくりや全体のスキルアップにも繋がっている。今後も、統合小学校の特色ある教育活動の基盤となるような制度と実践の充実に努める。

〈近隣の教育・文化施設〉　鞍手地区は縄文時代から各時代にかけての文化財が存在しており、歴史の深い地域である。「鞍手町歴史民俗博物館」には古代からの文化遺産や資料が展示されている。

◇岩手県北上市立いわさき小学校

①亀谷　琢　②八（特二）　③九三　④岩手県北上市和賀町岩崎一八―五三―三　⑤〇一九七（七一）七八八七　⑥JR北上線藤根駅からタクシーで一〇分　⑦HP有・無

ふるさとに誇りをもち感性豊かな子どもに
――地域の教育資源・人材を生かした教育活動――

本校は、平成二十年四月に三校が統合し、昨年十五周年を迎えた。本校は、ユネスコ無形文化遺産に登録された風流踊の一つ「岩崎鬼剣舞」の発祥地にあり、地域の歴史と文化に恵まれた地域のよさを教育活動に積極的に取り入れ、特色ある教育活動を推進している。特にも、統合前の三校それぞれが進めてきた岩崎新田鬼剣舞、岩崎鬼剣舞、煤孫ひな子剣舞の伝承芸能を統合後も「鬼剣舞」、「ひな子剣舞」として地域の方々の協力を得ながら受け継いできている。地域の方と関わり合いながら、剣舞の歴史や舞、地域の人々の思いや願いを学ぶことを通して、ふるさといわさきを知り、愛着と誇り、感謝の心をもつ感性豊かな子どもの育成を目指している。

〈近隣の教育・文化施設〉　校区に、怖い鬼から愛すべき鬼まで全国各地の鬼の面、世界の仮面を展示する「鬼の館」がある。市内には、唯一の詩歌専門文学館「日本現代詩歌文学館」がある。

◇山形県山形市立大曾根《おおそね》小学校

①土井正路　②五　③四七　④山形県山形市大字上反田二七八　⑤〇二三（六四三）二一三四　⑥JR山形駅西口よりバス二〇分、下原行き上反田バス停下車、徒歩五分　⑦HP㊒・無

地域の資源・人材を活用した教育活動の工夫
――地域との持続可能な連携を目指して――

本校は、「地域とともにある学校」として、長年、地域資源や人材を活用した学習に力を入れている。具体的には地域内の事業所や農園などへの訪問、地域住民を講師とした米作り、味噌造り、本の読み聞かせ、伝統芸能の継承等である。しかしながら、地域の魅力を知るきっかけにはなっているが、主体的に地域社会に関わっている姿とは言えなかった。そこで、地域の未来を子どもなりの視点で考え、課題に向き合い、外部に向けて情報を発信したり、提案したりといった活動に着手している。そのために、地域学校協働活動推進員と連携し、無理をしない形で地域へ協力を依頼している。また、情報収集・共同作業・発信にICTを積極的に利活用している。

〔近隣の教育・文化施設〕　山形市は「ユネスコ創造都市」であり、映像文化を中心に豊富な文化資源に恵まれている。本校周辺には県民の森があり、様々な自然観察が可能である。

◇福島県飯舘村立いいたて希望《きぼう》の里学園《さとがくえん》

①亀田邦弘　②八（特二）　③五八　④福島県相馬郡飯舘村伊丹沢字山田三八〇　⑤〇二四四（四二）〇〇〇三　⑥JR東日本原ノ町駅よりバス六〇分徒歩四〇分、又はタクシーで六〇分　⑦HP㊒・無

ふるさとに学び、自らの道を切り拓く子どもの育成
――地域とのふれあいや探究的な学びを通して――

本校は、平成二十三年三月に発生した東日本大震災後の原子力発電所の事故により、隣接市町村に設置した仮設校舎で教育活動を行ってきた。平成三十年度に帰村し、令和二年度より被災地初の義務教育学校として出発。現在も約半数が村外からバスで通学する子どもたちにとって、ふるさと飯舘について学習することは重要な命題である。そのため義務教育学校独自の教科として「いいたて学」を創設。飯舘村の豊かな自然や風土のもと、子どもたちに寄り添う地域の方々に支えられ、ふるさと飯舘について学んでいる。復興に力強く邁進する地域と探究的活動を通して深く関わり、自らの未来を切り拓く子ども育成に向け、地域と歩む教育活動を推進している。

〔近隣の教育・文化施設〕　「塩の道」と呼ばれる、福島県を浜通りの相馬から中通りの村々へ東西に横断し、海産物などを運んだ重要な街道である奥州西街道の古道跡がある。

◇栃木県野木町立佐川野《さがわの》小学校

①関根幸子　②七（特二）　③六五　④栃木県下都賀郡野木町佐川野一八〇八　⑤〇二八〇（五六）〇八八八　⑥JR宇都宮線野木駅よりタクシーで七分　⑦HP㊒・無

夢や目標をもってたくましく生きる子どもの育成
――地域とつながる食農教育を通して――

本校は明治八年に「訓蒙館《くんもうかん》」として開校した百四十八年の歴史と伝統ある学校で、町内全域から通学可能となった小規模特認校である。校舎南側にある、千平方メートルを超える広い学校農園を活用し、食農教育に力を入れている。

令和元年度から二年間、食農教育研究指定を受けた時に作られた本格的なビニールハウスで、現在も五・六年生がミニトマト栽培と販売をしている。全校児童でさつまいも栽培、夏野菜栽培、三～六年生で稲作体験を地域の方に教わりながら、行っている。農業体験を通して、課題解決に向けて主体的に取り組み、「命を育て食する」意義を考えられる児童が増えた。今後も継続し、たくましく生きる子どもの育成に努める。

〈近隣の教育・文化施設〉　野木町には、国の重要文化財に指定されている「野木町煉瓦窯」がある。また、ふくろうが育つ歴史ある「野木神社」があり、夏にはひまわりの花が咲き誇る。

◇神奈川県三浦市立初声《はっせ》小学校

①松岡由紀　②一八（特五）　③四三九　④神奈川県三浦市初声町下宮田三七二八　⑤〇四六（八八八）三一二〇　⑥京浜急行線三崎口駅より徒歩二〇分、又はタクシーで五分　⑦HP有・㊏

地域との協働による郷土を大切にする子どもの育成
――〝三浦手漉き和紙づくり〟活動を通して――

本校の学校教育目標「自ら学び　未来を創る初声っ子」を達成するために、「地域に開かれた学校づくり」を大切に考えている。また、「総合的な学習の時間」の大テーマを「ふるさと初声」とし、各学年がテーマをしぼり探究的な学習に取り組んでいる。

「手漉き和紙が地域の繋がりを作る」という考えのもと活動されている〝三浦手漉き和紙を考える会〟の協力を得て、和紙の原料である楮の苗の植え付け、枝打ち、黒皮はぎ、紙漉き等、〝三浦手漉き和紙づくり〟の全工程を学校内で行えるようになった。

地域との協働による〝三浦手漉き和紙づくり〟を新たな伝統の活動とすることで、子どもたちが「ふるさと」を大切に思い続ける心を育んでいく。

〈近隣の教育・文化施設〉　自然豊かな環境で海洋教育を実践しやすい三戸、黒崎、矢作、長浜海岸がある。県立三浦初声高等学校、初声中学校が近くにあり、小中高の連携が行いやすい。

◇愛知県幸田町立豊坂《とよさか》小学校

①伊藤美佳　②二〇（特四）　③四四一　④愛知県額田郡幸田町大字野場字鶏島五五　⑤〇五六四（六二）一〇四八　⑥JR東海道本線　幸田駅より徒歩二〇分、又はタクシーで五分　⑦HP㊒・無

「どうする　とよさかっ子」
――主体的に問題解決できる子どもを目指して――

創立百五十周年を経た本校には、敷地内に手作りのビオトープや土俵がある。それらは、学校、PTA、そして地域の人々が「おらが学校のため」を合言葉に、力を合わせて作り上げたものだ。地域が学校に対して協力的であるということから、子どもたちを地域教材に浸らせ、そこで見つけた問いを主体的に考えられるような単元づくりを大切にしている。研究テーマの「どうする」は、子どもたちが主体的に考える姿を意図した言葉として用いている。子どもたち自身が自分事として問いに対峙し、解決を目指す。この過程を通して、地域の「ひと・もの・こと」を確実に意識させ、地域を愛し、地域から愛される子どもの育成を推し進めていきたい。

〈近隣の教育・文化施設〉　学区内に、三方ヶ原の戦いで徳川家康の身代わりとなり、壮烈な討ち死を遂げた夏目次郎左衛門吉信の墓がある。夏目漱石の先祖として地域から愛されている。

◇富山県射水市立下村《しもむら》小学校

①萩中弘恵　②六　③五七　④富山県射水市加茂中部一〇五一　⑤〇七六六（五九）二三一〇　⑥あいの風鉄道呉羽駅よりタクシーで八分　⑦HP㊒・無

ふるさと下村を愛し、誇りに思う児童の育成
――地域とのつながりを大切にした取組を通して――

令和五年度に創立百五十周年を迎えた本校は、村に一つの小学校だった歴史から「地域の学校」として大切にされている。令和四年度「令和のとやま型教育推進事業」の指定を中学校区で受けたことを契機に、長年続いてきた地域の方から学ぶ「ふるさと学習」を、児童の課題解決の力を育てる視点から練り直し推進している。伝統が継承されている「御田植祭」「稚児舞」、地域のよさを知る縦割り班での「わくわくオリエンテーリング」等で、地域の方と関わりながら体験を通してふるさと下村のよさを学ぶ機会を工夫し地域への誇りを育んでいる。今後も「地域の宝」である児童の学びが充実するよう地域との連携に努め、地域とともにある学校を目指していく。

〈近隣の教育・文化施設〉　本市は富山県のほぼ中央に位置し、京都の下鴨神社の神領、倉垣庄の総社である下村加茂神社、下村百年記念事業として竣工した下村民俗資料館が徒歩圏内にある。

◇福井県勝山市立平泉寺《へいせんじ》小学校

①白木久子　②五（特一）　③三九　④福井県勝山市平泉寺町平泉寺一六四―一二　⑤〇七七九（八八）一二〇四　⑥えちぜん鉄道勝山駅より平泉寺線バス乗車一五分　中部縦貫道勝山ＩＣより一五分　又は大野ＩＣより一〇分　⑦ＨＰ㊒・無

思いや考えを主体的に伝え合う子どもの育成
――豊かな自然と歴史ある町に愛着をもてる子に――

本校は、日本遺産や日本ジオパークに認定されている一部としての白山平泉寺と、貴重な動植物が生息する池ケ原湿原などを近隣にもつ地域とともに生きる学校である。本校の研究テーマは「思いや考えを主体的に伝え合う子どもの育成」であるが、高学年が行う「未来の語り部活動」の、事実だけでなく質問にしっかり答えたり、つなぎでエピソードなどを話したりする活動にもつながっている。また、池ケ原湿原保全活動では、刈り取ったヨシでストローを作り地域の飲食店においていただいている。この活動は、「第九回　グッドライフアワード　環境大臣賞　優秀賞」を受賞しており、令和五年度はＡＣジャパンのＣＭにも採用され、中部地区で放送されている。

〈近隣の教育・文化施設〉　白山平泉寺、白山平泉寺歴史探遊館まほろば、池ケ原湿原、福井県立恐竜博物館、勝山城博物館、はたや記念館ゆめおーれ勝山、スキージャム勝山、越前大仏。

◇山口県萩市立椿東《ちんとう》小学校

①後根　茂　②一六（特四）　③三四六　④山口県萩市大字椿東二七一〇―一　⑤〇八三八（二五）二一三五　⑥ＪＲ山陰本線　東萩駅より徒歩一〇分、又はタクシーで五分　⑦ＨＰ㊒・無

椿東「笑」「楽」「考」の実現を目指して
――地域教育力を生かし、児童が主役となる学校――

本校は多くの文化的遺産や吉田松陰先生をはじめ数々の偉人を輩出した歴史ある地域にある学校である。開校以来一貫して流れる吉田松陰先生の「至誠」を不易なるものとして今日も生かし、「松下村塾」の「真理追求・師弟同行・個性尊重」の実践は、本校の学校経営の基調となっている。コミュニティ・スクールの特色を生かしたふるさと学習を行い、地域の教育資源を生かして地域を愛する心を育てるとともに、地域に学ぶ教育や志を抱くキャリア教育の充実を図る「松陰教学」を推進している。

また、椿東教育後援会の一厘講にみられるように、本校教育の充実・発展に寄せる地域の人々の期待は大なるものがあり、本校は地域に支えられている。

〈近隣の教育・文化施設〉　本校のすぐそばに吉田松陰先生を祀る「松陰神社」があり、校区内の「萩反射炉《はぎはんしゃろ》」等も「明治日本の産業革命遺産」として「世界文化遺産」に登録されている。

◇佐賀県佐賀市立嘉瀬《かせ》小学校

①江島静佳　②一四（特二）　③二七五　④佐賀県佐賀市嘉瀬町大字十五　二一一　⑤〇九五二（二三）六四〇〇　⑥JR九州長崎線佐賀駅よりバス一五分嘉瀬元町バス停より徒歩三分　⑦HP㊒・無

主体的に働き掛け　学び続ける子どもの育成
——生活科と総合的な学習を中心として——

家庭・地域と連携、協同し共に子どもを育てる教育実践、地域「ひと・もの・こと」を活用し、より豊かな授業を探求する教育実践、そして嘉瀬町との共催行事を通して、市民性や郷土愛を育む教育実践を継続しながら、SDGsの視点で生活科と総合的な学習を中心として単元を見直す。また、総合的な学習の時間における問題解決型の授業スタイルを構築し、全学年で児童が主体的に問題を解決したり他者と協力して課題を追求したりしながら、探求型の授業を実践していく。

学習したことや身の回りの生活をSDGsとよりつなげる手段として、HPに「SDGsコーナー」を作成し、SDGsに関わる取組を週一回更新していく。

〈近隣の教育・文化施設〉　十一月初旬、嘉瀬川河川敷で開催される「佐賀インターナショナルバルーン大会」は秋の風物詩である。近くに「県立森林公園」や、「さがみどりの森球場」がある。

◇大分県豊後大野市立清川《きよかわ》小学校

①野尻秀信　②六（特一）　③五一　④大分県豊後大野市清川町砂田一七三二　⑤〇九七四（三五）二三一二　⑥JR豊肥本線豊後清川駅より徒歩一五分、又は市コミュニティバスで五分　⑦HP㊒・無

避難訓練を一点突破にした学校経営
——地域とともにある学校へと全面展開——

本校は、令和三年度に豊後大野市防災教育研究指定を受け、下校時避難訓練を初めて実施した。あえて学校「外」での訓練を行うことで地域協働の基盤ができると考え、「防災デザイン」において保護者・学校・地域の役割を明確にした。特に、地域の有志（防災スタッフ）には子どもを捜索・声掛けを行うよう理解を求め、訓練当日は三十二人の参加を得た。

現在、約五十人となった防災スタッフとの交流を訓練だけに留めず、授業参観や学校運営協議会「清流の会」との意見交換などを行っている。下校時避難訓練をより安全・安心なシステムにすることで、双方向のコミュニケーションが絶えない「地域とともにある学校」へと展開している。

〈近隣の教育・文化施設〉　阿蘇山火砕流の溶結凝灰岩《ようけつぎょうかいがん》からなる「轟橋・出会橋」は、アーチ式石橋の直径が日本一・二位であり、歴史・地質・文化遺産の面から郷土学の教材となっている。

◇鹿児島県屋久島町立金岳《かながたけ》小学校

①松永裕幸　②二　③四　④鹿児島県熊毛郡屋久島町口永良部島六五六　⑤〇九九七（四九）二二四一　⑥屋久島町営船「フェリー太陽Ⅱ」口永良部港より徒歩八分　⑦ＨＰ㊒・無

活火山と共に生きる
――危機管理能力の育成を「生きる力」へ――

平成二十七年五月二十九日九時五十九分、新岳で爆発的噴火が起こり、本校児童生徒はもちろん、全島民が一年余りの島外避難を強いられた。あれから八年が過ぎ、今も噴火警戒レベルが三（入山規制）が維持されたままで、常に噴火への備えを意識した学校経営を継続している。当然、避難訓練等に費やす時数も多いため、その時間を使った、「自分の安全は自分で確保する」という基本理念に基づいた日常的な危険予知トレーニングや調べ学習、島民と共に取り組む避難訓練等を通して、危機管理能力の育成に取り組んでいる。

そしてこの危機管理能力の育成を通して、気付き、主体的に調べ、判断し、行動する児童の生涯学習の推進を図っていく。

〈近隣の教育・文化施設〉　口永良部島《くちのえらぶじま》は、島全体が屋久島国立公園に属している薩南火山群島中最大の島である。常に噴気を上げている新岳と古岳がそびえ、典型的な成層火山の島である。

◇北海道小樽市立稲穂《いなほ》小学校

①遠藤隆典　②一三（特三）　③二八〇　④北海道小樽市富岡一―五―一　⑤〇一三四（二三）八三八一　⑥ＪＲ小樽駅より約六〇〇ｍ、徒歩で八分、タクシーで二分　⑦ＨＰ㊒・無

誰一人取り残さないあたたかい学校づくり
――全職員によるあたたかいチーム力で！――

本校では、学校教育目標「りこうで　たっしゃで　ほがらかな　稲穂の子」の具現化へ向けたグランドデザインを職員・保護者・地域で共有し、あたたかいチーム力を高めて、子どもたちが稲穂小学校でよかったと誇れる、教職員が働き甲斐のある学校づくりを目指している。今年度は、重点目標を「誰一人取り残さないあたたかい学校」とし、ＩＣＴによる学校情報化を柱とした包括的な学校改善を進めながら、特別支援教育の視点を基盤とした全職員によるあたたかい生徒指導、教育相談のしやすい学校づくり、育てる資質・能力を明確にした授業実践、九年間の学びを見据えた地域・中学校との連携、ＩＣＴ活用による業務の効率化に取り組んでいる。

〈近隣の教育・文化施設〉　校区に、複数の商店街や市役所・図書館等の施設、ＪＲ小樽駅、小樽運河や明治期の商社や銀行、倉庫等の歴史的建造物が立ち並ぶ観光エリアが広がっている。

◇宮城県仙台市立東《ひがし》四郎丸《しろうまる》小学校

①伏見　滋　②一三（特二）　③二四六　④宮城県仙台市太白区四郎丸字昭和北一　⑤〇二二（二四二）三一五五　⑥ＪＲ南仙台駅よりタクシーで一五分　⑦ＨＰ㊒・無

自己有用感を高める異年齢交流活動
――これが私たちの「東四スタンダード」――

本校では異年齢交流活動を学校生活全般に組み込み、児童一人一人の自己有用感を高め、「すべての子供が『安心して学べる場』としての学校をつくる」ことを目指して研究を進めている。学校独自で作成した指導計画「東四（とうよん）スタンダード」を研究の基盤とし、①授業実践②行事・日常活動の支援③環境整備の三つの視点で実践を重ねている。自分に自信がなく人との関わりが苦手な児童の割合が高いという実態と「全職員で全児童を愛情豊かに育てたい」という教職員の思いがこの研究の出発点である。令和三・四年度は仙台市教育委員会自主公開校に認定され、令和四年十二月二日に公開研究会を開催し研究の成果等について発表した。

〈近隣の教育・文化施設〉　本校は仙台市の東端に位置している。近隣には「震災遺構　仙台市立荒浜小学校」や「せんだい三・一一メモリアル交流館」がある。

◇福島県福島市立北沢又《きたさわまた》小学校

①島田祥司　②一八（特三）　③四〇八　④福島県福島市北沢又字愛宕一　⑤〇二四（五五八）八六八一　⑥ＪＲ東日本福島駅より電車福島交通飯坂線一〇分上松川駅下車徒歩一五分、又は福島駅よりタクシーで一五分　⑦ＨＰ㊒・無

伝え合い、認め合う授業を目指して
――学校教育目標の具現化――

本校の教育目標の一つである「やさしさ　いっぱい」の実現と「主体的で深い学び」のある授業に向けて、校内研修を核として、子どもたちが納得感を味わうことができる授業を展開できるようにする。

どの学級でも生徒指導の機能である「共感的に理解し合う」「自己存在感が高まる」「自己決定ができる」場面を授業に位置付け、支持的風土に満ちた授業づくり・学級づくりを目指す。

子どもの知的好奇心が高まる学習課題を設定し、課題解決に向けて協働的な学びを積み重ねていく。

「授業のきまり」を全学級で温度差なく指導し、聴き合うことの大切さの指導に重点を置くことで、支え合いながら安心感をもって学ぶことができる学習環境をつくる。

〈近隣の教育・文化施設〉　福島市は、西に吾妻連峰が連なる盆地で、美しい自然や温泉に恵まれている。果樹地帯が広がり、四季を通じておいしいフルーツを楽しむことができる。

◇広島県尾道市立栗原北《くりはらきた》小学校

①神原雅彦　②一一（特二）　③二〇七　④広島県尾道市栗原町一一七五〇　⑤〇八四八（二三）三九二三　⑥JR尾道駅、JR新尾道駅からバス「尾道工業団地線」又は「如水館線」に乗車し、「松岡団地口」で下車。徒歩一〇分程度。　⑦HP㊒・無

ファミリー活動・クラス会議等による自治的風土
——共同体感覚・関わり発言・ことばの教育——

「ファミリー活動（異学年交流）」は、最高学年である六年生がこの活動を牽引するエンジン役を担い、五年生のフォロワーシップとともに人と人を結び付ける接着剤の役割を果たしている。自己肯定感、自尊心、役立ち感、リーダーシップ、憧れ感など、人が人の中で生きていくために大切な要素を数多く身に付ける実践の場としている。

「クラス会議」は、自らの課題は自ら解決することを目指す平等性を重視した自治的・自律的な取組を行い、安心して学び合う学級集団を形成し、本校が目指す関わる力・チャレンジする力を醸成している。

国語科におけるフレームリーディングによる手法を通して、読解力・表現力・ことばの力の育成へとつなげている。

〈近隣の教育・文化施設〉　尾道市は、他にはない景観や歴史、文化に育まれた多彩な資源と、瀬戸内の十字路に位置する広域的な交流拠点としての優位性等、様々な特長を有している。

◇福岡県筑後市立松原《まつばら》小学校

①大淵広顕　②一五（特三）　③三六一　④福岡県筑後市大字熊野七六六　⑤〇九四二（五三）二二六四　⑥JR鹿児島本線羽犬塚駅より徒歩二五分、又はタクシーで五分　⑦HP㊒・無

主体的に問題解決する子どもの育成
——スタディ・ログの活用を通して——

本校は、令和二年度から三年間、福岡県重点課題研究指定・委嘱事業を受け、「学びの個別最適化を実現する教育活動」をテーマに研究を進めてきた。児童一人一人が学びを振り返るツールとして、一人一台端末に保存する板書の写真や単元で数回行う小テスト等の学習履歴「スタディ・ログ」を活用している。教師もスタディ・ログをもとに定着度を分析し、個に応じた指導に生かしている。さらに、授業の中に、個の学びと協働の学びを往還しながら自分の考えをつくり上げる「スマイルタイム」を設定している。児童が自分に合った学び方を身に付けながら自己評価し、次の目標に取り組む姿を「主体的に問題解決する子ども」ととらえて授業研究に努めている。

〈近隣の教育・文化施設〉　筑後市は、福岡県の南西部、筑後平野の中央に位置する田園都市である。校区では、県指定無形民俗文化財「久《ひさ》富《とみ》の盆綱曳《ぼんづなひ》き」「鬼《おに》の修正会《しゅじょうえ》」が毎年行われている。

◇沖縄県宜野座村立宜野座《ぎのざ》小学校

①新城雄二郎　②一五（特四）　③二五五　④沖縄県国頭郡宜野座村字宜野座一一九〇　⑤〇九八（九六八）八五五〇　⑥名護うるま線「宜野座小学校前バス停」から「宜野座小学校」まで徒歩二分 沖縄自動車道「宜野座ＩＣ」から「宜野座小学校」まで九六〇ｍ　⑦ＨＰ㊒・無

主体的・対話的に考え、学びを深める児童の育成
――自己肯定感を高める場の工夫を通して――

主体的・対話的に考え、学びを深める児童の育成を研究主題に掲げ、その根幹となる自己肯定感を高める場の工夫に取り組んでいる。異学年交流や体験的学習を、随時取り入れ、他者との関わりの中で、児童が自分の特徴に気付き、よい所を伸ばし日常の学校生活を送ることができることを目指している。

授業づくりでは、対話的な学習を積極的に取り入れ、一人では生み出せなかった考えを共有し友達と学ぶよさを感じることのできる授業づくりを進めている。

キャリア教育の視点から、「宜野座っ子虹色夢プラン」を導入し、なりたい自分・なれる自分を広げ、村観光商工課の助言のもと、地域教育資源を活用し学ぶ意義と自己肯定感の高揚を図っている。

〈近隣の教育・文化施設〉　宜野座村は沖縄本島のほぼ中央に位置し、体のおへそにちなんで「てんぷす宜野座」と言われている。村文化施設の中心であるガラマン劇場棟が隣接している。

◇宮城県仙台市立泉松陵《いずみしょうりょう》小学校

①内田裕子　②一四（特二）　③三四〇　④宮城県仙台市泉区松陵三―三五　⑤〇二二（三七五）九五三一　⑥仙台市地下鉄南北線泉中央駅よりバス約一五分徒歩三分　⑦ＨＰ㊒・無

自分の考えをもち追求し続ける児童の育成
――単元構想デザインの活用を通して――

単元構想デザインとは、本校独自の形式の指導計画の形である。「学びを深めるための話合いを、より効果的にする形態」と「単元内のどこに、どんな文言で、どんな内容を振り返らせると次の学びにつながるのか」という視点で単元全体を俯瞰し、目指す児童の姿を具体的にイメージした単元及び授業の構成を行うことを重視した形式である。単なる「単元計画」「指導過程」ではなく、目指す児童の姿のために、その単元をどんな意図をもって組み立て、実践していくのかを示している。子どもたちを「追求し続ける児童」にするために、授業について議論する活動を行い、教師として「日常的に単元を構想する力」を磨くことを目指している。

〈近隣の教育・文化施設〉　泉区は仙台市の北部に位置しており、西部には泉ヶ岳、東部には住宅街が続いている。ベガルタ仙台がホームスタジアムとしている仙台スタジアムがある。

◇愛知県名古屋市立愛知《あいち》小学校

①三田美乃里　②一一（特二）　③二一二　④愛知県名古屋市中川区豊成町一―三五　⑤〇五二（三五一）五三〇一　⑥近鉄米野駅から徒歩一七分、あおなみ線ささしまライブ駅から徒歩一八分、ＪＲ名古屋駅からタクシーで八分　⑦ＨＰ㊒・無

子どもと向き合う時間の充実を目指して
――チーム学校の推進と教員の意識改革の取組――

本校では、これまでも、教員の働き方改革のために、登校時刻の見直しや会議時間の短縮などを行ってきたが、令和四年度より新たに二つのねらいで取組を行っている。

一つは「チーム学校の視点からの授業改善」で、有識者やキャリアナビゲーターといった専門職と共に授業づくりや研修を行い、授業の改善やキャリア教育の充実に努めている。教員の力量向上は、その後の生徒指導等の負担軽減につながると考えている。もう一つは「教職員の意識改革」で、「当たり前を見直すプロジェクト」と銘打ち、教員から提案された案に基づいて、これまでの慣例にとらわれない見直しを協議している。教員同士の対話が盛んになり意識改革につながっている。

〈近隣の教育・文化施設〉　名古屋市中川区内には、文化小劇場やスポーツセンター、学校体育センターなどの公共施設や中日ドラゴンズのファームの試合・練習会場となる「ナゴヤ球場」がある。

◇徳島県阿南市立椿泊《つばきどまり》小学校

①金森利至　②二　③九　④徳島県阿南市椿泊町東一二七　⑤〇八八四（三三）〇〇一四　⑥徳島バス椿泊線小吹川原徒歩三〇分　⑦ＨＰ㊒・無

次代の学校教育を担うミドルリーダーの育成
――へき地・小規模校での人材育成――

本校は、へき地・小規模である強みを生かした教育活動を行っている。その上で、教職員一人一人の力量を高め、学校組織としての教育力を向上させていくことが重要課題となる。そこで、職員数の少ない中学校区三校が連携しメンター制度を取り入れた人材育成を行っている。合同行事の立案・分担等をメンター研修で行い、行事を成功に導くなど大きな成果をあげている。また、三校の校内研究授業や校内研修会に相互参加し研修の機会としている。前年度本校独自の取組として、へき地教育活動で欠かせない他校との交流にＶＲを使用し、交流の幅を広げている。新しい取組であり苦労も多いが、教諭の成長が児童の成長へとつながることを実感している。

〈近隣の教育・文化施設〉　本校は、阿波水軍の将である森甚五兵衛の居城があった場所に建てられている。本校区には、森氏ゆかりの「道明寺」や、「佐田神社」がある。

◇沖縄県うるま市立中原《なかはら》小学校

①松田健史　②三一（特五）　③八五五　④沖縄県うるま市字宮里七三一　⑤〇九八（九七三）六八一〇　⑥那覇空港よりタクシーで五〇分　⑦ＨＰ㊒・無

心理的安全性を基盤とした中原っ子の学びの創造
――資質・能力を育むカリキュラムマネジメント――

　中原っ子の四つの力を育むことをねらう組織的カリ・マネの推進によって、学校改善・授業改善に取り組む。

　心理的安全性の基盤づくりとして、教職員の「対話の時間」を設け、実践知の共有及び協働的組織風土の醸成を図ることで、児童にとって安心して挑戦できる魅力ある学校づくりを目指す。

　児童の主体的な学びづくりとして、自由進度学習の実施に加え、自学自習やモジュール学習と連動させた学びのサイクル化を図り、自ら学ぶ力や自己調整力の育成を図る。

　カリ・マネ四部会（学推校内研、ＧＩＧＡ、児童理解、児童会）の取組を充実させ、個別最適で協働的な学びづくりや、信頼のネットワークの構築、働き方改革等を推進する。

〈近隣の教育・文化施設〉　うるま市は、沖縄本島中部の東海岸に位置し、「うるま」は沖縄の言葉で「サンゴの島」を意味する。闘牛やエイサー、現代版組踊り等、芸能・文化が豊かである。

◇茨城県鉾田市立大洋《たいよう》小学校

①大川行彦　②一七（特五）　③三五三　④茨城県鉾田市上沢九二二―一　⑤〇二九一（三二）九一一一　⑥大洗鹿島線大洋駅より徒歩二〇分　⑦ＨＰ㊒・無

家庭や地域の人々とつながる学校経営の在り方
――学校ボランティアの輪を広げる手だて――

　本校は、四つの小学校が統合し、令和四年四月に開校した新しい学校である。それぞれの学校が築いてきたＰＴＡ活動や学校ボランティアとの関係を再構築しながら、新たな取組を模索している。

　一年目は、登下校の見守りや挨拶運動、除草作業など、従来から各学校で取り組んでいたものを継続することができた。二年目は、保護者や地域の方々に学校ボランティアとして登録していただき、ミシンや習字などの学習支援、花壇や図書館整理などの環境支援も行っていただくことができてきた。

　「みんなでつくる　みんながつながる大洋小」のスローガンのもと、保護者や地域の方々の協力を仰ぎながら、「つながり」を大切に更なる連携を強めていきたい。

〈近隣の教育・文化施設〉　鉾田市は、メロンやサツマイモなどの野菜生産量日本一を誇る。鉾田市の様々な歴史を学んだり、クライミング体験ができる生涯学習館「とくしゅくの杜」がある。

◇滋賀県愛荘町立秦荘《はたしょう》西《にし》小学校

①田中幹雄　②一二（特二）　③二五四　④滋賀県愛知郡愛荘町島川一一六二　⑤〇七四九（四二）二二四四　⑥近江鉄道愛知川駅よりバス一〇分で島川で下車し徒歩五分、又はJR稲枝駅よりタクシーで二〇分　⑦HP㊒・無

ぶどう園復活プロジェクト
――地域と学校を笑顔でつなぐボランティア活動――

「ぶどう園復活プロジェクト」とは、コロナ禍で途絶えていた本校の特色ある活動であるぶどうづくりを復活させようと、児童が立ち上げたプロジェクトである。本校では長年、地域住民の協力を得ながらぶどう栽培を続けてきた。しかし、コロナ禍で三年間休止になっていたが、「西小名物のぶどうを復活させたい」と集まった児童の有志二十二名が荒れ果てたぶどう園の草刈りをボランティア活動で始めた。この活動が地域に伝わり、共感した地域住民がぶどうの世話を児童と共に行うようになり、観察や袋かけ等の作業を経て、令和五年九月に無事、収穫。学校にも地域にも笑顔が広がった。この活動を契機に本校では児童によるボランティア活動が広がっている。

〈近隣の教育・文化施設〉　愛荘町は、「湖東三山（西明寺《さいみょうじ》・金剛輪寺《こんごうりんじ》・百済寺《ひゃくさいじ》）」に囲まれている。二〇二五年国スポ・障スポでは愛荘町で、アーチェリー競技が実施される。

◇和歌山県日高川町立川辺《かわべ》西《にし》小学校

①宮本智子　②九（特二）　③二〇五　④和歌山県日高郡日高川町小熊三一四一　⑤〇七三八（二二）一〇一四　⑥JRきのくに線道成寺駅より徒歩一八分　又はバスで五分　⑦HP有・(無)

地域・学校・行政で一緒に子育てを！
――訪問型家庭教育支援の推進――

本県では、全ての保護者が安心して家庭教育を行えるよう、地域で保護者を支える家庭教育支援の取組が広がっている。地域の支援チームと学校・行政が互いに連携・協力を図りながら、子どもたちの成長を支えていこうとする家庭教育支援の取組が広がりつつある。

本校の校区は、住宅造成が盛んで、校区外からの転入家庭も多くなってきた。その中で職場が町外の保護者は、周りに知人が少ないケースも多い。そこで、町の家庭教育支援チームが家庭を回り、話を聞く活動を行っている。気になることがあれば学校・行政とで情報を共有し、地域・学校・行政等、みんなで子育てに関わる環境づくりを模索しながら、取組を進めている。

〈近隣の教育・文化施設〉　災害時には避難所、救援物資の集積拠点として、平常時は防災に関する学習（消火・水圧・通報体験等）が体験できる施設として活用する防災センターがある。

◇静岡県小山町立北郷《きたごう》小学校

①川幡　聡　②一四（特二）　③三六七　④静岡県駿東郡小山町用沢六〇四―一　⑤〇五五〇（七八）〇五二〇　⑥JR御殿場線御殿場駅もしくは、駿河小山駅よりタクシーで一五分、又はバスで一六分　⑦HP㊒・無

中学への滑らかな接続と学力向上を目指して
――児童・生徒・職員が生き生きする体制づくり――

本校は、今年で創立百四十二年を迎える、歴史ある学校である。校区には中学校一校、小学校一校、こども園二園があり、中学校の教育目標を、北郷地区の最終的に目指す子ども像として連携を図っている。

本研究は、その中でも特に小中連携を意識し、中学校教諭が、小学校五・六年生に専門教科の授業を行うことで、中学への接続を滑らかにし、さらに、学力向上も期待するものであり、一定の効果を上げている。

また、この体制は、中一ギャップの解消のみならず、担任の授業の持ち時数を軽減することになり、教員がいろいろな角度から子どもに向き合う時間を確保することができる点で、児童・生徒・職員全てにとって、有意義なものとなっている。

〔近隣の教育・文化施設〕　小山町は、金太郎生誕の地として、金時神社、子産田、金太郎の生家「坂田家」の菩提寺である勝福寺など、いくつもの坂田金時にまつわる名所が存在する。

◇富山県魚津市立経田《きょうでん》小学校

①土開晴美　②八（特二）　③一二九　④富山県魚津市浜経田六六五―三　⑤〇七六五（二二）一一一七　⑥富山地方鉄道経田駅より徒歩五分　⑦HP㊒・無

互いに関わり合いながら生き生きと学ぶ子どもの育成
――幼小接続・連携を意識した取組を通して――

本校は文部科学省の幼保小研究開発校の指定を受けた平成十二年度以来、一・二年生が幼稚園児や保育園児等と共に活動する「潮風合同学習」を継続して行い、交流を深めている。

令和四年度には、幼児教育・小学校教育接続推進事業の推進校として、校区の保育園やこども園の保育士や保育教諭、小学校の教員が校区合同学習会やスタートアップカリキュラム作成のための打合せ会を行い、幼児教育・小学校教育の円滑な接続の重要性やその具体について研修を進めてきた。子どもたちが小学校の環境にスムーズに適応することは、心の安定につながり、自己肯定感を高め、教師や友達と関わり合いながら学ぼうとする子どもの育成にもつながると考えている。

〔近隣の教育・文化施設〕　「埋没林博物館」には、特別天然記念の埋没林が展示されており、蜃気楼《しんきろう》についても学ぶことができる。また、日本で一番歴史のある「魚津水族館」がある。

◇滋賀県彦根市立城東《じょうとう》小学校

①林　宏　②一一（特二）　③二二七　④滋賀県彦根市京町二—二—一九　⑤〇七四九（二二）〇三一二　⑥ＪＲ琵琶湖線彦根駅より徒歩約八〇〇ｍ　⑦ＨＰ㊒・無

架け橋期のカリキュラム開発と実践
——施設類型の違いを超えた幼保小接続——

非認知能力を系統的に育むため、本市では、幼保小接続を教育施策の重点に掲げて接続期カリキュラムの作成を進めており、この取組を教職員全体に広げるとともに、校区全体で取り組んでいくことへの意識の向上が求められている。

本校区では、近隣の幼稚園・保育園・子ども園と協働して施設類型の違いを超えた幼保小連携を推進するとともに、「幼児期の終わりまでに育ってほしい姿」を手掛かりに、一人一人の多様性に配慮した上で、子どもたちに学びや生活の基盤を育むための架け橋期のカリキュラムの開発や指導・支援の質的向上についての実践研究を進めている。（文部科学省「幼保小の架け橋プログラム事業」）

〈近隣の教育・文化施設〉　「国宝・彦根城」、「彦根城博物館」や城下町の町並み、「彦根市立図書館」、「ひこね市文化プラザ」、「県営彦根総合スポーツ公園」、「プロシードアリーナＨＩＫＯＮＥ」がある。

◇岩手県紫波町立西《にし》の杜《もり》小学校

①石川修司　②一一（特二）　③二一二　④岩手県紫波郡紫波町稲藤字牡丹野三〇　⑤〇一九（六七三）七四〇五　⑥ＪＲ東北本線紫波中央駅より徒歩七〇分、又は紫波中央駅よりタクシーで二〇分　⑦ＨＰ㊒・無

義務教育九年間を貫く学びによる児童生徒の育成
——伝え合い　響き合い　高め合う授業づくり——

本校は、令和三年度に三小学校の学校再編に伴い、小中一貫校「紫波西学園」（施設隣接型）として開校した。令和四年度より小中一貫教育の研究指定を受け、紫波第三中学校と連携しながら「伝え合い　響き合い　高め合う授業づくり」を通して資質・能力の向上を研究として進めている。

「ふるさと学習」（生活科・総合的な学習）を中心に「教師のファシリテーションの在り方」や「ＩＣＴ活用」を手だてとして組み入れ、探究のスパイラル（課題設定・情報収集・整理分析・まとめ表現）に則った授業づくりを進め、自ら未来を切り拓いていく児童生徒の育成を目指している。

令和五年十一月上旬に紫波西学園として学校公開研究会を行った。

〈近隣の教育・文化施設〉　学区は、八戸藩の飛び地という歴史を有し、南部杜氏発祥の地として三つの蔵元や志和稲荷神社をはじめとする寺社仏閣が点在する。

◇茨城県那珂市立菅谷《すがや》東《ひがし》小学校

①中根紀子　②二五（特一〇）　③四五七　④茨城県那珂市菅谷八九一―二　⑤〇二九（二九五）四〇〇七　⑥ＪＲ水郡線上菅谷駅より徒歩一五分、又はタクシーで五分　⑦ＨＰ㊒・無

自ら学び、夢に向かって努力する児童の育成
――学園小中一貫によるキャリア育成を通して――

那珂市では、中学校区ごとに五つの学園制をしき小中一貫教育を推進している。本校が所属する「わかすぎ学園」の特色は、三校合同カリキュラム「わかすぎの時間」の実施である。

将来の社会的自立に向けて必要なスキルを、知・徳・体・自立の四つの側面で分類し、九年間の発達段階に細分化し、系統的に設定する。さらに、そのスキルを高め、身に付けるために、年間十時間の指導計画を作成する。月一回の授業では、担当校が全学年の毎時間の指導案、板書構成図、ワークシートを作成し学園内で共有を図っている。三校同一の週時程を設定し、リモートや対面交流を取り入れたり、中間報告会やまとめの発表会も実施したりして、学びの質の向上を図っている。

〈近隣の教育・文化施設〉　那珂市は、中世以降、佐竹氏の城下町として河川を利用した船運や街道輸送の要衝として栄える。「額田城跡」、「静峰ふるさと公園」、「県植物園」、「一の関ため池親水公園」。

◇群馬県太田市立北《きた》の杜《もり》学園

①関口義明　②三五（特八）　③七九〇　④群馬県太田市熊野町二―一　⑤〇二七六（二二）三三〇六　⑥東武伊勢崎線太田駅より徒歩二〇分、又はタクシーで五分　⑦ＨＰ㊒・無

他者と協働し、主体的に取り組む児童生徒の育成
――異年齢交流活動の工夫と実践を通して――

本校は、令和三年度に太田東小学校と韮川西小学校、北中学校が統合され、施設一体型義務教育学校として開校した。児童生徒が九学年で共に生活する強みを生かした教育活動を推進するために、互恵的な異年齢交流活動を創造すること、開校三年目において学校文化の基礎を創ることをねらいとして研究に取り組んだ。

発達段階に即して設定した四つの各ステージにおいて将来を見据えた身に付けさせたい力（非認知能力）を明確にし、学級活動と文化的・体育的行事等をリンクさせた互恵的異年齢交流活動について探究している。

教育活動の工夫と実践を通して、他者と協働しながら主体的に課題に向き合う人間性豊かな児童生徒を育成したい。

〈近隣の教育・文化施設〉　東武伊勢崎線太田駅や北関東自動車道太田桐生ＩＣから程近く、校名の由来である金山の豊かな自然と太田市を支える自動車産業を身近に感じられる地域である。

◇長野県大町市立美麻《みあさ》小中学校

①中原　敏　②一三（特四）　③一〇〇　④長野県大町市美麻二七五〇三　⑤〇二六一（二九）二〇〇四　⑥JR大糸線信濃大町駅よりタクシーで二〇分　⑦HP㊒・無

義務教育学校九年間で育てる自律した学習者
――個の生き方や考え方を尊重する学校づくり――

本校は、個の生き方や考え方を尊重する学校づくりと、児童生徒が心と体をひらいて学ぶ授業を通して、生涯学び続ける基礎力を養い、自律した学習を育成することを目指している。そのために次の三つの教育システムに取り組んでいる。

一つ目は自律した学習者へ導く学習システム。義務教育九年間を四・三・二に区分し、三つの課程を対話を軸とした「協働の学び」でつなぐ。二つ目は地域・保護者との協働システム。学校運営協議会の声に傾聴し、パートナー会議と協働しながら子どもたちの探究の学びを支える。三つ目は教師力を高める研修システム。課題研修、共通研修、マネジメント研修により、教職員一人一人の力量を高め、指導観を更新する。

〔近隣の教育・文化施設〕　信濃木崎夏期大学　大正六年開講以来、百七年間地元の教員の手によって毎年運営されてきた日本で一番古い夏期大学。会場の信濃公堂も開講時に建設されたもの。

◇京都府京都市立川岡東《かわおかひがし》小学校

①岡本雅文　②一七（特二）　③四三三　④京都府京都市西京区下津林東大般若町四四　⑤〇七五（三九二）八八二〇　⑥阪急電車桂駅より徒歩一五分　JR桂川駅より徒歩二〇分　⑦HP㊒・無

四小中学校が連携して、児童生徒の育成を図る
――四Kスタンダードの作成に向けて――

「互いの生き方・考え方を尊重し合える関係を築き、自己の可能性を信じ、進もうとする児童生徒の育成」を、小中一貫の教育目標として「つながる力」「そうぞうする力」「こうどうする力」の資質能力を育成するために、九年間の取組を構築する。令和七年度には四Kスタンダードを作成し、スタンダードをもとに各校の取組を行い、九年間のつながりを明確にする。スタンダードの策定に向けて、校長会の月一回の開催、「生徒指導部会」、「研究部会」、「人権部会」、「児童生徒会部会」の四部会を年に三～四回開催、及び育成部会及び教務主任部会を定期的に開催して、資質能力の育成に向けた児童生徒の九年間を一体とした取組を行う。

〔近隣の教育・文化施設〕　東に「桂川」が流れ、西に「西山連峰」を有している。校区に福祉施設として京都桂川園があり、福祉の学習で連携している。行政区に、京都大学桂キャンパスがある。

◇山口県岩国市立東《ひがし》小学校

①大庭紀之　②一六（特四）　③三四一　④山口県岩国市三笠町二―一―九　⑤〇八二七（二二）二六一一　⑥JR西日本線区・山陽　岩国駅より徒歩一〇分、バス又は岩国駅よりタクシーで三分　⑦HP㊒・無

施設一体型・分離型での小中一貫教育の推進
――五つのつながりとキャリア教育を柱として――

岩国市では、子どもたちの「志高く豊かな心と生き抜く力」の育成を目指し、令和二年度に、全ての中学校区で、五つの「つながり」（目標、カリキュラム、子どもの心、教職員の意識、家庭・地域との絆）を意識した、小中一貫教育をスタートした。

岩国ひがし学園は、東小学校・東中学校が施設一体型、近隣の二つの小学校が施設分離型という、岩国市唯一の「施設一体・分離型」として、キャリア教育を柱とし、九年間の系統的な指導で四つの能力（キャリアプランニング、課題対応、自己理解・自己管理、人間関係形成・社会形成）の育成に努めている。「小中一貫教育」「キャリア教育」を教職員が常に意識し、実践に取り組んでいるところである。

〈近隣の教育・文化施設〉　学校そばの「シンフォニア岩国」は、クラシック音楽の生演奏に最適な音響条件と、パフォーミングアーツにも対応可能な舞台照明を備え、芸術・文化の鑑賞ができる。

◇高知県梼原町立梼原《ゆすはら》小学校

①中越英二　②七（特一）　③一三二　④高知県高岡郡梼原町川西路二三七〇　⑤〇八八九（六五）〇一〇一　⑥高知高陵交通梼原営業所から徒歩五分　⑦HP㊒・無

小中一貫教育を通してグローカル人材の基礎を養う
――九年間の系統的な外国語教育の推進――

平成二十三年に小中一貫教育校としてスタートし、中学校教員の小学校への乗り入れ授業や、系統的な表現力の育成プログラム、異学年交流に取り組んでいる。本年度は、世界的視野をもち地域で活躍する梼原人の育成を目指して、グローカル人材（基礎力）の育成に取り組んでいる。中でも語学力の向上を研究の柱と位置付け、小学校一年生から九年生までの系統的な小中一貫英語教育プログラムの研究に取り組んでいる。また、町とも連携し、英検・ジュニア英検の全員受験、海外研修（イギリス・カナダ）、イングリッシュデイキャンプ（英語集中プログラム）を実施している。令和六年度は小学校での英語集中プログラムを町と連携して研究する予定である。

〈近隣の教育・文化施設〉　梼原町は、建築家隈研吾氏との関わりが深く、雲の上の図書館や雲の上のギャラリー等、隈氏が設計した建築物が町の中心部に数多く建てられている。

◇熊本県山鹿市立鹿北《かほく》小学校

①鶴田史子　②一〇（特四）　③一一九　④熊本県山鹿市鹿北町四丁一四六九―一　⑤〇九六八（三二）三三三四　⑥熊本市桜町バスターミナルよりバス六〇分、山鹿バスセンターよりバス二五分、鹿北市民センター前バス停より徒歩三分　⑦ＨＰ㊒・無

社会人基礎力の育成を目指した小中一貫教育
――小中一貫と保小中連携の取組を通して――

本校は開校十一年目。中学校と隣接し、渡り廊下で行き来ができる環境にある。平成三十年度には山鹿市「小中一貫教育」モデル校の指定を受け、制度上の「六・三制」を変更することなく、学校運営上の「四・三・二制」へと移行。小一から小四までを一期（生活・学習の基礎基本の徹底期）、小五から中一までを二期（自治力・社会人基礎力育成期）、中二から中三までを三期（自治力・社会人基礎力活用期）と位置付けている。

保小中連携協議会を月に一回実施。知・徳・体・特支の四部会に職員が分かれ、保小中、十五年間の学びの土台である「保小中連携カリキュラム」を作成し、身に付けさせたい力を明確にした上で、共通の取組を行っている。

〔近隣の教育・文化施設〕　山鹿市には女子世界ハンドボール選手権大会の会場にもなった山鹿市総合体育館を中心とした、総合スポーツ施設「カルチャースポーツセンター」がある。

◇山形県鶴岡市立櫛引《くしびき》東《ひがし》小学校

①芳賀恵美　②八（特二）　③七四　④山形県鶴岡市黒川字小在家九〇　⑤〇二三五（五七）二一〇五　⑥ＪＲ鶴岡駅よりタクシーで二〇分　⑦ＨＰ㊒・無

ふるさとを愛し、櫛引の未来を拓く子どもの育成
――持続可能な学校・地域・人づくりを目指して――

本校は特色ある教育活動として、五百年以上前から地域に伝わる重要無形民俗文化財の黒川能に全校で取り組み、地域との繋がりを強くしている。その地域の力を更に子どもたちの教育に活用し教育活動を充実させようと、令和四年度から地域学校協働活動をスタートさせた。「子どもを真ん中に」をキーワードに活動を展開し、一年目は、学習支援として算数ＴＴ・水泳支援・スキー支援・朝の読み聞かせを行った。二年目からは、給食・清掃支援・昼休みの見守り等の日常活動へと広げている。更に今年度は学校運営協議会を立ち上げ、地域学校協働活動との一体的推進を図り、学校を核とした地域コミュニティの活性化、持続可能な学校づくりを進めている。

〔近隣の教育・文化施設〕　鶴岡市は出羽三山と日本海に囲まれた自然豊かな地域で、ユネスコ食文化創造都市にも認定されている。クラゲの種類が世界一の「加茂水族館」がある。

◇沖縄県糸満市立米須《こめす》小学校

①高良美奈子　②六（特三）　③一四三　④沖縄県糸満市字米須六三二　⑤〇九八（九九七）四五一一　⑥那覇空港　国内線旅客ターミナル前よりバス四五分（乗り換え）、徒歩四分　又はタクシーで二八分　⑦HP㊒・無

持続可能な取組を通した地域を愛する子の育成
――地域のよさを生かした魅力ある学校づくり――

本校では令和二年度より、学校運営協議会制度を活用し、コミュニティ・スクールを実施している。学校・家庭・地域が学校の目標やビジョンを共有し、学校の課題解決に向けて特色ある学校づくりに努めている。

本校の特色ある取組として、学校運営協議会の組織を「安全・環境部」「学びの推進部」「企画部」の三部会で編成し、各部会を中心に企画・運営を行い、様々な取組を展開している。保護者や地域が学校運営に直接参画することで、子どもたちの安心・安全な環境づくりや地域とともにある学校づくりが実現できる。これらの取組は、校長や教職員の異動に左右されない組織体制を確立することができ、持続可能な取組として期待できる。

〈近隣の教育・文化施設〉　糸満市は沖縄本島最南端に位置し、沖縄戦の終戦地である。「平和祈念資料館」や戦跡国定公園に指定された自然の海岸線が広がり、多くの戦跡や史跡が点在している。

◇茨城県守谷市立黒内《くろうち》小学校

①奈幡　正　②四四（特九）　③一一七七　④茨城県守谷市百合ケ丘二―二三四九　⑤〇二九七（四八）五九七六　⑥つくばエクスプレス守谷駅より徒歩五分　⑦HP㊒・無

過大規模校におけるウェルビーイングの実現
――「もりや型教育改革」の自校化と推進――

「あかる［く］前向き・自分い［ろ］が好き・ありがと［う］が合言葉・勇気で［ち］ャレンジ」幸せの四因子から構成される本校の「し（四）あわせ目標」である。過大規模校における「ウェルビーイング」の実現を目指し、「もりや型教育改革」の自校化による「ニューノーマル」な学校経営に挑戦している。

学習効果の最大化と働き方改革の両立を実現するために、①週三日以上の五時間授業を基盤にした黒内型週時程の導入、②黒内型GIGAスクール構想による学力向上と学校・家庭間連携のデジタル化の推進は大きな成果につながった。児童作品のクラウド管理による掲示物削減や校内研修ポータルサイトによる研修の効率化も軌道に乗り始めた。

〈近隣の教育・文化施設〉　無形民俗文化財としての「八坂神社祇園祭」や平将門に由来する「守谷城趾」が有名。水と緑の自然環境、整備された宅地、都心からのアクセスで子育て世代に人気のまち。

Ⅱ　教育課程

◇岐阜県大垣市立東《ひがし》小学校

①尾形佳隆　②二一（特三）　③四七四　④岐阜県大垣市三塚町一一八〇　⑤〇五八四（七八）二三三八　⑥ＪＲ東海道線大垣駅より徒歩一五分、バスかタクシーで五分　⑦ＨＰ㊒・無

自ら課題を見いだし　追究し続ける児童の育成
――全ての活動を通して教育目標の具現に徹する――

本校は、明治九年の創立以来、多くの偉人を輩出してきた伝統校としての誇りがあり、「まじめにつとめよ」の校訓のもと、児童も教師も励んでいる。

学校の教育目標は「めあてをもって　進んでやりぬく子」であり、この教育目標に正対する形で令和三年度より冒頭の研究テーマを設定している。特に「自ら課題を見いだす力」と「追究し続ける力」の育成については、各教科の特性や本質に基づいて実践・検証に努めてきた。また、児童が一日の目当てを決め出して仲間に伝える「朝のひかり」と、自分のよさや頑張りを確かめ合い明日につなげる「帰りのひかり」についても、学校の教育目標の具現に直結する取組として実践に努めてきた。

〈近隣の教育・文化施設〉　松尾芭蕉「奥の細道」結びの地・船町湊跡。関ヶ原合戦前に石田三成が入場した大垣城。県下最大の昼飯大塚古墳。美濃国分寺跡など多くの史跡が点在する。

◇富山県富山市立蜷川《になかわ》小学校

①嘉義政彦　②二八（特五）　③六九七　④富山県富山市赤田七五一一　⑤〇七六（四二三）〇一七九　⑥富山地方鉄道上滝線上堀駅より徒歩一二分　⑦ＨＰ㊒・無

「ウェルビーイング」な学校づくりの推進
――人間関係づくりの充実を通して――

教育の最上位目標を「子どもたちの幸せ」ととらえ、令和五年度の学校経営方針を「『楽しくなけりゃ学校じゃない！』―誰もがウェルビーイングな学校をつくろう！―」とした。そのため、朝の学習タイムに構成的グループエンカウンターやクラス会議を取り入れたり、学級の枠を越えて編成した集団で授業を実施したりするなど、人間関係づくりの取組を重視している。令和六年度は、昭和ライオンズクラブのライオンズクエストプログラムを本格的に教育課程に導入するなど、校外のリソースも活用し、更なる充実を図る。その上で、温かな人間関係を基盤とした個別最適な学びと協働的な学びを充実させ、「ウェルビーイング」な学校づくりを推進したい。

〈近隣の教育・文化施設〉　県美術館、県水墨美術館、市ガラス美術館、市民俗民芸村、市科学博物館など、芸術・文化施設が充実している。立山黒部アルペンルート立山駅へは電車で一時間。

◇長崎県新上五島町立魚目《うおのめ》小学校

①木下伸生　②八（特二）　③九三　④長崎県南松浦郡新上五島町榎津郷四〇一　⑤〇九五九（五四）二一二一　⑥有川港よりバス二五分、又はタクシーで一〇分　⑦HP㊒・無

自ら学びに向かう児童の育成
——児童が主体的に学ぶ授業と家庭学習との往還——

本校は、「みんなでつくる楽しい学校」を学校教育目標とし、「自律」した「魚目っ子」の育成に取り組んでいる。自ら学びに向かう「自律」した児童を育てるために、令和四年度から二年間、長崎県「学びの活性化」プロジェクト実践モデル校の指定を受け、主体的・対話的で深い学びのある授業への改善及び授業と家庭学習の往還を目指し研究に取り組んできた。そして、授業で得た学びと家庭での学びを結び付けるキーワードは「自己選択」であると考え、児童自身で理解度を判断し、指導者の適切な支援によって家庭学習に反映させる実践を家庭と連携しながら進めている。

〔近隣の教育・文化施設〕　新上五島町は二十九の教会が点在し「祈りの島」と称される。世界遺産の構成資産である「頭ケ島天主堂《かしらがしまてんしゅどう》」、国の重要文化財の「青砂ケ浦天主堂《あおさがうらてんしゅどう》」が有名である。

◇北海道浦臼町立浦臼《うらうす》小学校

①和田知子　②九（特三）　③六五　④北海道樺戸郡浦臼町字ウラウシナイ一八三―四　⑤〇一二五（六八）二一六三　⑥町営バス「浦臼駅」バス停から徒歩一〇分　⑦HP有・㊪

ふるさとに誇りをもち、未来を生きる子どもの育成
——地域資源を活用したふるさと教育の推進——

本校は、明治三十年に聖園尋常小学校として設立、昭和二十年に浦臼小学校となった。平成七年に町内の全ての小学校が統合となり、唯一の小学校として地域の大きな支援を受けながら教育活動に取り組んでいる。

浦臼町は農業が盛んな地域であると同時に、北海道開拓の中心としての歴史もある。そのような豊富な地域資源を活用し、米作りなどの産業、アイヌ文化や歴史、伝統文化、観光などについての「ふるさと学習」を進めている。また、ふるさと学習のまとめとして、六年生の修学旅行で札幌市において町のPR活動を行っている。子どもたちには、ふるさとの歴史や文化、その魅力を学ぶことで、「ふるさと浦臼」を誇りに思う心が育まれている。

〔近隣の教育・文化施設〕　明治時代、坂本龍馬の甥、坂本直寛が開拓のため移住。坂本家の墓がある。郷土資料館にはアイヌ民族の埋蔵遺物、坂本竜馬関連の文化遺産が展示されている。

◇岩手県住田町立有住《ありす》小学校

①新沼　健　②七（特二）　③四五　④岩手県気仙郡住田町上有住字山脈地五―二　⑤〇一九二（四八）二〇一四　⑥JR釜石線青笹駅下車後住田町コミュニティバス三〇分　⑦HP有・(無)

生きて働く社会的実践力の育成を目指して
――伝え合い、深く学び合うための学習活動――

文部科学省研究開発学校の指定を令和六年度まで受け、町内の全ての小・中・高等学校が、新設教科「地域創造学」を中核とした教育課程を実施している。

自らが暮らす地域に愛着をもつことは、地域の課題に対して自分事として目を向け主体的に考えるきっかけとなる。

そこで地域の環境や課題を学習材にし、児童が実際に見聞きしたり、体験したり、調査したりする学習活動を重視する。

地域づくりを実際に行う「主体者」として考え、伝え合い、学び合いながら、提案・発信しようとする経験を「地域創造学」の中で積むことを通じて、将来社会を創造しようとする「社会的実践力」を育んでいくことを目指している。

〈近隣の教育・文化施設〉　「地域創造学」の学習材となっている種山や栗木鉄山跡は、宮沢賢治の童話の舞台になっている。また滝観洞《ろうかんどう》は映画「八つ墓村」のロケ地にもなった。

◇埼玉県小川町立小川《おがわ》小学校

①小池　学　②一六（特四）　③三五九　④埼玉県比企郡小川町小川三七七　⑤〇四九三（七二）〇一四二　⑥東武東上線小川町駅より徒歩一五分、又は小川町駅よりバスで四分　⑦HP(有)・無

児童が主体的に取り組む「おがわ学」の実践
――教科横断的な学習を通して――

「おがわ学」とは、小川町の地域資源を題材として、地域の歴史や文化、産業等について知り、段階的に学びを深めていきながら、地域活動への参画などを行っていくものである。「おがわ学」を通し、子どもたちの小川町へ対する愛着や誇り、地域課題の解決に取り組む能力を育むことを目指している。

令和四・五年度、授業時数の弾力化に係るモデル校として、埼玉県教育委員会から研究委嘱された。これまで教科に位置付けていた「おがわ学」を総合的な学習の時間に位置付けることで、教科横断的な学習を通して、児童が主体的に課題解決に取り組むことができる「おがわ学」の研究を行っている（例　三年国語すがたをかえる大豆→有機栽培大豆の活用）。

〈近隣の教育・文化施設〉　小川町は武蔵野小京都と呼ばれ、槻川が町の中央を流れている。細川紙の紙すき技術がユネスコ無形文化遺産に登録され、和紙の紙すき体験ができる施設がある。

◇富山県富山市立小見《おみ》小学校

①深山　徹　②三　③一二　④富山県富山市小見二五〇　⑤〇七六（四八二）一〇三六　⑥富山地方鉄道立山線有峰口駅より徒歩一〇分　⑦HP㊒・無

スキーを軸に、年間を通して行う体力つくり活動
――地域資源を生かした教育活動の推進――

本校は、全国でも数少ないスキージャンプ台を有する学校であり、学校独自の取組としてスキージャンプの練習をしたり、記録会や長野県白馬北小とのスキー交歓会を行ったりしている。ジャンプ台設置から五十年となる令和五年に改修工事を行い、オリンピック選手を輩出している伝統を継承している。また、グラウンドで行うクロスカントリースキーや校区にある立山山麓スキー場、あわすのスキー場を活用してアルペンスキーの練習会を行うなど、冬季のスキー活動を特色にしている。春から秋の間にも毎朝のマラソン、百メートル走・走り幅跳び・ソフトボール投げの記録を測定する「小見っ子記録会」に全校で取り組むなど、年間を通して心と体を鍛えている。

〔近隣の教育・文化施設〕　本校から見える立山砂防の一つ「本宮砂防堰堤」は、日本一の貯砂量を誇る。薬師岳への登山口折立に向かう玄関、亀谷地区には「大山歴史民俗資料館」がある。

◇石川県白山市立鳥越《とりごえ》小学校

①小田実由季　②七（特一）　③六五　④石川県白山市上野町オ一　⑤〇七六（二五四）二二一九　⑥JR金沢駅から車で約五〇分　JR小松駅から車で約三〇分　⑦HP㊒・無

ふるさとのよさ、自分の思いを発信する子を育てる
――白山手取川ジオパーク学習を通して――

令和五年五月に世界認定された「白山手取川ジオパーク」。白山市ではこの資源を活かした教育活動を推進している。白山の伏流水を使った農業や食文化、山や川での自然体験は、ふるさとへの誇りと、豊かな感性を育てる絶好の教材である。

本校では、自然の恵みと脅威、自然と共存してきた先人の生き方等を学ぶ「白山ジオ学」を教育課程に位置付けている。地域素材・人材リストを整えながら、地域の企業や農家、各種団体等との持続可能な連携、児童・職員一人一人に主体的な活躍の場をつくることを模索・研究している。令和五年度は新規活動として、地域文化祭への全校参加、消防署や大学と連携した救急・防災教育、スキー授業等を取り入れた。

〔近隣の教育・文化施設〕　市内全域に地質や地形、文化等の見所「ジオスポット・サイト」が看板案内されている。（美川伏流水群《みかわふくりゅうすいぐん》、七か用水《しちかようすい》取水施設、手取峡谷《てどりきょうこく》、桑島化石壁《くわじまかせきかべ》、百万貫岩等）

◇大阪府堺市立御池台《みいけだい》小学校

①嶺村　労　②一一（特五）　③三六一　④大阪府堺市南区御池台二丁三―一　⑤〇七二（二九八）七五〇〇　⑥泉北高速鉄道栂・美木多駅よりバスで一〇分　⑦ＨＰ㊒・無

「総合的な学力」を育成する教育課程の在り方
――持続可能な地域協働カリキュラムとは――

本校では、「二十一世紀を豊かにたくましく生きる児童を育てる」を学校教育目標として、バランスのよい「総合的な学力」を育成するために、地域協働の取組を着実に継続してきた。各学年部での取組をホームページや学校通信だけでなく、リーフレットにしてまとめ、可視化して意味付けすることで、子ども・保護者・地域の皆様に合わせて、教職員のカリキュラム・マネジメントの一助としている。これら継続の積み重ねは、各種学力調査の結果等から、非認知能力への肯定的な影響も表れている。今後も引き続き持続可能な地域協働の取組としていくため、現在の地域協働カリキュラムの精査研究を進めている。

〈近隣の教育・文化施設〉　泉北《せんぼく》ニュータウンにあり豊かな自然公園環境に恵まれている。近隣の地域会館前には、堺が誇る詩人・与謝野晶子の歌碑が建てられ、文化の香りに満ちた街である。

◇広島県三次市立青河《あおが》小学校

①貞丸昭則　②四（特一）　③二〇　④広島県三次市青河町五八〇―一　⑤〇八二四（六八）二三四九　⑥ＪＲ芸備線志和地駅よりタクシーで一〇分、又は中国自動車道三次ＩＣより車で一〇分　⑦ＨＰ㊒・無

知・徳・体の調和を育む『あおが教育』の推進
――「あおがホタルプログラム」で環境を守ろう――

本校では、青河地域の「ひと・もの・自然」を教材に児童が主体的で探究的な学習を行う『あおが教育』に取り組んでいる。全校二十人という小規模校のよさを生かしながら、地域と協働し、「環境保全活動」や「伝統文化継承活動」等の取組を積極的に進めている。『あおが教育』では、諸活動を「プログラム化」し「目標の明確化（青河町の環境を守る）・共有化」（カリキュラム・マネジメント）することにより、地域の環境保全に対する理解・地域の方々とのつながりを深めている。

児童は、六年間の学びを通して「自分たちの地域は自分たちで守っていく」という「地域を愛する心」を育み、「ふるさと青河を愛し誇りに思う気持ち」を深めている。

〈近隣の教育・文化施設〉　三次市は、広島県北部に位置し、周囲を緑豊かな山々に囲まれている。青河地域には、ホタルが飛び交う清流「小《こ》似川《いがわ》」が東西に流れている。

◇長崎県長崎市立仁田佐古《にたさこ》小学校

①坂口　孝　②一二（特二）　③二六八　④長崎県長崎市西小島一―七―二五　⑤〇九五（八二二）二六八〇　⑥ＪＲ長崎駅より徒歩二〇分、又はバス・電車で一〇分　⑦ＨＰ㊒・無

ふるさとの未来を担う人材の育成
――ふるさとを担う実践力のある児童の育成――

令和五・六年度、長崎県教育委員会の委託を受けて「小中高が一体となったふるさと教育推進事業」の研究を進めている。ふるさとを舞台に地域の魅力を小学校から中学校まで学ぶ系統的なカリキュラム作りと、高等学校との連携・協働の在り方を含めた体制作りについて研究を進める。本校の隣には日本の近代西洋医学発祥の地である「小島養生所」跡地があり、本校児童が総合的な学習の時間に見学したり、調査をしたりしている。

また校区内に、長崎ランタンフェスティバルのコースとなる所がある。本校の豊かな地域教材を活かしながら地域の魅力・特色を学び、それを発信していくことで、「ふるさとの未来を担う人材」を育成することとしている。

〔近隣の教育・文化施設〕　長崎市は、「出島」、「唐人屋敷」、世界遺産である「大浦天主堂」、「旧グラバー邸」がある。一方で、長崎スタジアムシティプロジェクトによる長崎駅周辺開発が進められる。

◇熊本県天草市立天草《あまくさ》小学校

①松本真由美　②六　③五五　④熊本県天草市天草町高浜南二七一四　⑤〇九六九（四二）一一〇一　⑥本渡バスセンターよりタクシーで五〇分　⑦ＨＰ㊒・無

ふるさとを誇り、愛する子どもの育成
――天草体験学習を通して――

本校は十一年前に五つの小学校が統合し開校した学校で、それぞれの地域に豊かな文化や産業がある。統合前の各学校で体験的に学んできた学習を、現在も引き継いでいる。地域の方々は学校の教育活動に協力的であり、海岸地帯から温泉街、山間部まで広がった校区の多様性と豊かさに更に着目し、現在は二十以上の体験学習を実施している。それらの体験学習は、総合的な学習の時間を軸としながら、学校行事、教科等で実施し、地域の宝を地域の方から学ぶ質の高い教育として大事にしている。

昨年度からは、天草市教育委員会の研究指定校として、教科等横断的な授業をデザインするなど、児童の学びに向かう意欲を高める指導の在り方を追究している。

〔近隣の教育・文化施設〕　天草西海岸で掘り出される陶石は、約二百五十年前に平賀源内《ひらがげんない》によって「天下無双の上品」と言われている。また、品質・埋蔵量ともに世界一と言われている。

◇千葉県流山市立八木北《やぎきた》小学校

①橋本由美子　②四〇（特八）　③一一七八　④千葉県流山市美田二〇八　⑤〇四（七一五二）四六〇四　⑥東武アーバンパークライン　初石駅より徒歩二〇分　⑦HP㊒・無

相手を知り、思いやり、共に進んでいく児童の育成
――心情の育成と共同実践を通して――

本校は令和五・六・七年度、千葉県教育委員会より福祉教育推進校事業の委嘱を受け、生活科・総合的な学習の時間を中心に福祉教育の計画を立てている。低学年は町探検や学校探検で行っていた活動に、どのような工夫をすれば地域の方や、学校の友達とより楽しく生活をできるかを学ばせていく。中学年は校内の特別支援学級の友達のことを知り、授業や給食の時間を通して今まで以上に関わっていく。また、地域の方と交流する中で障害者福祉について学んでいく。高学年は自分たちを支えてくれている人と交流活動を企画し、地域に貢献していく。取組を通して、地域の様々な福祉課題を自分事として、地域全体で考えていく福祉観を育てていく。

〈近隣の教育・文化施設〉　近隣には「葛飾県印旛県庁跡」や新撰組局長である近藤勇ゆかりの「流山本陣跡」がある。二〇二四年には体験型施設「白みりんミュージアム」が開設される予定。

◇神奈川県横浜市立みなとみらい本町《ほんちょう》小学校

①小正和彦　②一六（特二）　③四二〇　④神奈川県横浜市西区高島一―二―三　⑤〇四五（四五一）一五一五　⑥JR東海道線横浜駅より徒歩八分、又は横浜高速鉄道みなとみらい線新高島駅より徒歩二分、又は横浜市営地下鉄高島町駅より徒歩六分　⑦HP㊒・無

ESDロジックモデルを活用したESDの可視化
――協働型プログラム評価の活用を通して――

本校は二〇一八年開校の新しい学校である。所在地であるみなとみらい地区の児童数増により、当初は十年間の暫定設置であったが、想定以上の児童数増が続いており、設置期間の延長が決定している。この地域性、時代性を背景に、開校宣言より「持続可能な社会の担い手の育成」を掲げ、ESDを中核に据えた学校づくりを進めている。近年SDGsの認知度は上がっているものの、ESD自体のとらえは人により異なり、ESDを通して実現したい目標、そのために必要な力、さらに活動、評価と、教職員のみならず保護者、地域関係者はじめ多様なステークホルダーの間での共有が必要であり、そのための可視化、協働的な関係構築を目指している。

〈近隣の教育・文化施設〉　みなとみらい地区は横浜市の経済と賑わいの中心として、多様な企業、商業施設、イベント施設、公的機関等が集まっている。

◇大阪府箕面市立萱野《かやの》小学校

①佐藤秀昭　②三〇（特一〇）　③六一三　④大阪府箕面市萱野二―七―四〇　⑤〇七二（七二一）三二五四　⑥北大阪急行千里中央駅から阪急バス　萱野小学校前まで二〇分　⑦ＨＰ㊒・無

もとめる　伝えあう　つながる　わたしたち

――主体的な学びの姿を引き出す授業づくり――

新型コロナウィルス感染症対策が始まってから、本来本校が大切にしていた地域とともに子どもの学びを引き出すといった活動が停滞した。

本来、多くの大人との出会いによって引き出されていた学びへの姿勢を取り戻していくための授業研究を進めている。基礎学力保障・人権総合学習・人間関係づくりの三本柱をもとに、子どもたちの学びが主体的な学びになるように、地域とも連携し、生活や社会に返っていくための学びが何かを、大学有識者や人権教育推進の研究者に助言をいただきながら教育課程を進めている。とりわけ、人権教育を基盤とした自己有用感が育つような学習形態についての研究も進めている。全ての教育活動に人権教育を位置付ける。

〈近隣の教育・文化施設〉　箕面市は、箕面大滝などの自然の豊かさと住みやすい街づくりが大きな特色である。校区には、「らいとぴあ21」などの人権を考える施設がある。

◇栃木県日光市立日光《にっこう》小学校

①丹治良行　②一一（特二）　③一九八　④栃木県日光市萩垣面二三九〇―二　⑤〇二八八（五四）〇〇七〇　⑥ＪＲ日光線日光駅、または、東武日光線東武日光駅よりタクシーで八～一〇分　⑦ＨＰ㊒・無

「ふるさと日光」が自慢できる児童の育成

――探究的な見方・考え方を働かせた学習の充実――

本校が位置している日光市日光地域は世界遺産「日光の社寺」をはじめ、歴史、伝統文化、自然等が豊富な地域で、世界に誇る観光地である。子どもたちが本地域の地域素材（ひと・もの・こと）を活用しながら、地域のよさに気付き、考え、追求することで本地域に理解を深め、「ふるさと日光」が自慢できる子どもたちを育成したいと考えている。

そこで、カリキュラム・マネジメントの視点から総合的な学習の時間の年間指導計画を見直すとともに、教科横断的な学習、探究的な学習を充実させ、子どもたちに身に付けさせたい資質・能力（学びに向かう力・学びを広げる力・やり遂げようとする力）の育成を目指し研究に取り組んでいる。

〈近隣の教育・文化施設〉　日光地域は豊かな自然環境をはじめ歴史的文化遺産が数多くある。本校近隣には世界遺産として登録されている「日光二荒山神社」、「日光東照宮」、「日光山輪王寺」がある。

◇兵庫県川西市立多田《ただ》小学校

①西門隆博　②一九（特三）　③四六五　④兵庫県川西市多田院一―四―一　⑤〇七二（七九三）〇〇一八　⑥能勢電鉄多田駅より徒歩一二分　⑦ＨＰ㊒・無

新教育課程を通した自立した児童の育成
――学年担任、教科担任、午前五時間授業の推進――

教員未配置、学級の荒れ、担任への過剰な負担、年次休暇取得のしにくさ、新たな勤務体制（育児短時間勤務・男性の育休等）の広がり、教職員の働き方改革の推進など全国どこの小学校にも圧し掛かる課題への対応策として、「学年担任制」「教科担任制」「午前五時間授業」を展開している。担任一人で背負わず、学年全教職員で学年全体を担当し、教員未配置時に特定学級、特定教職員に負担をかけることなく全教職員、全児童でその状況に対応できる体制の構築と協議する時間の確保を目指している。そのことが児童の自律を促し、民主的な学校文化の創造へと広がることを想定している。

〈近隣の教育・文化施設〉　校区内には猪名川《いながわ》が流れ、住宅地に隣接した里山が広がっている。市全体で自然環境を生かした体験活動を展開している。校区内の多田神社も開放されている。

◇山口県周南市立徳山《とくやま》小学校

①原田　剛　②二四（特五）　③六〇二　④山口県周南市毛利町一―一　⑤〇八三四（二二）八八〇〇　⑥ＪＲ山陽線徳山駅より徒歩一五分、又はタクシーで五分　⑦ＨＰ㊒・無

カリキュラム・マネジメントの具体的実践
――言語能力の育成を軸にして――

学習指導要領で強調されているカリキュラム・マネジメントの視点の一つである「教科横断的な学び」について、本校では、各教科・領域・単元において育てたい資質・能力を整理した上で、教科横断的な学習を仕組むことに傾注している。このとき、各教科・領域をつなぐ「横断歩道」として設定しているのが、「言語能力」である。

国語科でインタビューの学習をしたその力を、社会科や総合的な学習で地域の方や専門家に話を聞く際に生かすといった学習を仕組んでいく。外国語の指導については中学校との連携を進め、中学生の英語による学校案内などの企画を行っている。児童生徒が英語を使ってコミュニケーションをとる貴重な機会となっている。

〈近隣の教育・文化施設〉　周南市文化会館、周南市美術館などの本市の文化施設が集まっている地域である。その他、徳山動物園も近隣にある。

◇熊本県熊本市立砂取《すなとり》小学校

①竹原欣哉　②一五（特二）　③四一四　④熊本県熊本市中央区神水一―一―一　⑤〇九六（三八二）七〇三三　⑥JR豊肥線新水前寺駅より市電商業高校前駅下車徒歩一分　⑦HP㊒・無

生命を見つめ、よりよく生きようとする児童の育成
――カリキュラム・マネジメントと授業づくり――

本校は、昭和五十年代の頃から健康教育に力を入れており、県健康優良校、全国学校体育研究優良校、全国健康づくり推進学校優良校など、幾度も表彰を受けている。本年度は熊本市教育センターの「カリキュラム・マネジメント」の研究モデル校の指定を受け、「生命を見つめ、よりよく生きようとする児童の育成」を研究主題に健康教育を土台としたカリキュラム・マネジメントに基づき、授業づくりの工夫を研究している。

また防災を意識したミニ避難訓練を定期的に行う他、学校保健委員会や行事等も見直しを図り、単なる教科等のマネジメントに留まらず学校安全を強く意識した取組を試行している。

〈近隣の教育・文化施設〉　本校区内に「熊本県立図書館」、「熊本市総合体育館・青年会館」、「熊本洋学校教師ジェーンズ邸」がある。また、隣接する校区に「熊本市立図書館」がある。

◇宮城県気仙沼市立鹿折《ししおり》小学校

①小野寺裕史　②八（特二）　③一八四　④宮城県気仙沼市西八幡町五四―一　⑤〇二二六（二二）六八七六　⑥JR大船渡線BRT鹿折駅より徒歩五分、又はJR気仙沼駅よりタクシーで一〇分　⑦HP㊒・無

海と生きる気仙沼の未来を創る子どもたちの育成
――特設領域「海と生きる探究活動」を通して――

気仙沼市は東日本大震災後に「海と生きる」をキャッチフレーズとして震災復興計画を策定し、教育の中で、海と生きることの意味を考え、海と生きるまちの未来の創造者としての資質・能力を育てることを目指している。本校は、教育課程特例校として総合的な学習の時間と教科等を融合した特設領域「海と生きる探究活動」を編成し、教育課程に位置付けた。海とつながる地域の産業・文化・歴史・くらし等について、魅力として他地域に誇れるものを児童自身が見つけ出していく。そして、海水温上昇に伴う気候変動や生態系の変化など持続可能性を阻害する要因をとらえながら、どうしたら未来につなげていくことができるかを考える探究学習を展開している。

〈近隣の教育・文化施設〉　気仙沼港は、全国屈指の水揚げがあり生鮮カツオ水揚げは二十六年連続日本一である。親潮と黒潮の潮目が近く、豊富な種類の魚を新鮮な状態で食すことができる。

◇新潟県五泉市立五泉《ごせん》小学校

①山﨑浩志　②二二（特六）　③四四三　④新潟県五泉市学校町三―一四　⑤〇二五〇（四三）三一〇一　⑥ＪＲ磐越西線北五泉駅より徒歩一〇分　⑦ＨＰ㊒・無

「共創力」を高める子どもの育成
――対話を重視した授業づくり・教育活動――

「共創力」を「自他の違いを受け止めつつ、対話を通じて共に課題を解決し、新たな考えを創り出す力」と定義し、次の五つに取り組んだ。第一は、「五小授業モデル」（問題意識を高める学習課題の設定）「対話や深い学びを促す働き掛け」「振り返り」の過程）による「共創力」を高める授業づくり。第二は、「共創力」を支えるスキルである対話力・人間関係形成力・思考スキルなどの意図的な育成。第三は、学校行事や各種教育活動における関わりや対話を重視した活動の工夫。第四は、全教育活動を通した対話に向かう心理的安全性（自己肯定感・人間関係形成力）の育成。第五は、家庭や地域と連携した関わりや対話の場の設定である。

〈近隣の教育・文化施設〉　「生涯学習と芸術文化振興エリア」「観光と産業振興エリア」「子どもの遊び場を兼ねた共用エリア」の三つの機能をもつ複合施設「ラポルテ五泉」がある。

◇栃木県さくら市立喜連川《きつれがわ》小学校

①大登英樹　②一七（特三）　③三九八　④栃木県さくら市喜連川三九一一　⑤〇二八（六八六）二〇二九　⑥東野バス氏家―喜連川線　仲町下車徒歩三分　⑦ＨＰ㊒・無

一人一人が尊重される心豊かな児童の育成
――互いに尊重し合う人間関係作り――

本校は、令和二～三年度に文部科学省、栃木県教育委員会、さくら市教育委員会の指定を受け⑴認め合う学級作り⑵自ら学び、豊かに表現できる授業作り⑶調査研究・保護者や地域への啓発の三つに重点を置いて研究を行った。

児童相互が様々な集団で関わりをもつ機会を設定したり、互いのよさに気付いて認め合う活動を工夫するなどして、認め合える集団作りに取り組んでいる。また、授業では伝え合う活動による学びの深まりを大切にし、主体性を養うことに努めている。特に「考え議論する道徳」を目指し、全職員で授業研究に臨んだ。取組の結果、家庭との連携により、児童の人権意識と人権感覚の涵養が図られてきている。

〈近隣の教育・文化施設〉　本校は、足利氏ゆかりの城下町である喜連川の中心に位置し、城跡のお丸山や御用堀、喜連川神社などの歴史的遺産を学区内に有している。

◇東京都八王子市立第三《だいさん》小学校

①大宝院清孝　②一九　③五八四　④東京都八王子市寺町二九―一五　⑤〇四二（六二三）四二一一　⑥JR中央線八王子駅よりバス五分徒歩一〇分、又は八王子駅よりタクシーで五分　⑦HP㊒・無

自分も人も大切にする子どもの育成
――自分に自信をもてる児童を目指して――

本校は、東京都教育委員会から「人権尊重教育推進校（当初は学力水準向上事業）」の指定を受け、五十二年目となる学校である。本校の研究は、自分を大切にできる子どもでなければ、人を大切にできないとの考えに立っている。二年に一回の研究発表を行っており、令和二・三年度は、特別の教科 道徳と、学級活動の社会的スキルの学習を相互に関連させ、その学びを日常化することで自分も人も大切にする児童の育成を図った。令和四・五年度は、児童の実態から「自分に自信をもてる児童を育てたい」との願いを教員全員で確認した。そのためにはセルフイメージを豊かにすることが大切だと考え、授業の「振り返り」に焦点を当てて研究を進めている。

〈近隣の教育・文化施設〉　令和二年、八王子市の歴史文化の特色を物語る「霊気満山 高尾山～人々の祈りが紡ぐ桑都物語～」のストーリーが、東京都で初めて日本遺産として認定された。

◇石川県輪島市立門前《もんぜん》東《ひがし》小学校

①鰐渕夏以　②四　③三七　④石川県輪島市門前町清水一―六八　⑤〇七六八（四二）〇九三一　⑥JR金沢駅より輪島特急バス乗車「此木」に下車し、北鉄奥能登バス「穴水線」に乗り換え、「門前總持寺前」で下車　⑦HP㊒・無

仲間と共に学び合う子の育成
――よさを認め合う活動を通して――

本校では、「豊かな人間性を築く児童の育成～笑顔が広がる門前東小学校を目指して～」という教育目標のもと、自分や友達のよさを見付け、互いの多様性を受け入れ、温かい人間関係を築く児童の育成を目指している。授業では算数科を中心に、「自分のめあて・考えをもつための工夫」「互いのよさを認め合う場の設定」「学習のまとめや振り返りの充実」に取り組んでいる。また、道徳教育の充実を図るとともに、人権集会（年四回）、様々な縦割活動、互いのよさを見付け合う「キラキラカード」、自分だけの「宝ものファイル」の作成等の取組を通して、児童が自己及び他者理解を深め、よりよい人間関係を築いていくことを目指している。

〈近隣の教育・文化施設〉　門前町には、令和三年に開創七百年を迎えた「曹洞宗《そうとうしゅう》大本山《だいほんざん》總持寺《そうじじ》祖院《そいん》」や、ユネスコ無形文化遺産に登録された「能登のアマメハギ」など、多くの歴史遺産がある。

◇和歌山県北山村立北山《きたやま》小学校

①松本　潤　②五（特一）　③二八　④和歌山県東牟婁郡北山村大沼五六九　⑤〇七三五（四九）二〇〇二　⑥ＪＲ東海紀勢本線熊野市駅より北山村バスで一時間　⑦ＨＰ有・㊏

一人ひとりが輝き　未来を見つめ
――世界へはばたく子供の育成――

北山村は三重県と奈良県に挟まれた和歌山県の飛び地の村で、「子どもは地域の宝」として子育て支援や教育環境の充実に力を入れている。本校と隣接する北山中学校との二校で小中連携教育に取り組んでいる。

文部科学省より令和五・六年度「人権教育研究推進事業」の地域指定を受けたことを契機に、小中学校ともに研究主題を「一人ひとりが輝き 未来を見つめ 世界へはばたく子供の育成」とし、これまでの教育活動の意義を再確認しながら、①高齢者の人権と福祉、②外国の文化や多様な価値観の尊重、③児童一人ひとりの進路実現、を中心に小中学校が連携しながら取組を進めている。

令和六年十一月二十二日に研究発表会を行う。

〈近隣の教育・文化施設〉　北山村の「観光筏《いかだ》下り」は、木材を熊野川河口まで運んだ北山川の筏流しの技術を保存継承したもので、和歌山県無形民俗文化財、日本林業遺産に指定されている。

◇愛媛県大洲市立喜多《きた》小学校

①松井英樹　②二二（特四）　③五〇一　④愛媛県大洲市若宮三三二　⑤〇八九三（二四）四五六五　⑥ＪＲ伊予大洲駅より徒歩一〇分　⑦ＨＰ㊒・無

自他のよさを認め、行動力を育てる教育活動の工夫
――協働的な学習や集団・環境づくりを通して――

本校は、令和四・五年度愛媛県人権・同和教育訪問、令和五年度文部科学省人権教育研究校の指定を受け、「知・徳・体の調和のとれた心身ともにたくましい喜多の子どもを育てる」の学校教育目標の下、「自他のよさを認め、人権問題を解決する行動力を育てる教育活動の工夫」を研究主題として掲げ、研究実践を行った。全教職員で研修を重ね、人権・同和教育の視点を明確にした授業構想による「協力的」「参加的」な授業実践を行い、人権が尊重される集団づくりや環境づくりを図ったことで、自他を尊重し、互いの人権を守るために行動しようとする児童の育成につなげることができた。

〈近隣の教育・文化施設〉　大洲市は、伊予六万石の城下町として栄え、その風情を残した町並みや観光施設は、世界的にも高い評価を得ている。市内を流れる肱川《ひじかわ》での鵜飼いも有名である。

◇長崎県波佐見町立南《みなみ》小学校

①馬場利浩　②一三（特二）　③二六一　④長崎県東彼杵郡波佐見町長野郷二二八　⑤〇九五六（八五）二二八七　⑥JR大村線川棚駅よりタクシーで一〇分　⑦HP㊒・無

自分や友達の大切さを認め合い高め合う児童の育成
——学びに向かう力を育む土壌づくりを通して——

令和五年度より二年間、長崎県教育委員会から「人権教育」の研究指定を受け、研究実践を積み重ねている。

本校では、この研究指定を「学力向上」の好機ととらえた。そこで、研究仮説を、「児童一人一人が安心して学習できる基盤となる支持的風土を醸成し、どの教科の授業においても、児童が互いの意見を聞いて考える活動を積み重ねていけば、自己肯定感をもち、主体的に学習に向かう児童を育成し、確かな学力を身に付けさせることができるだろう」として研究を行っている。具体的には、「一　人権教育の視点に立った授業研究・実践」「二　自己肯定感や人権意識を高めるための環境整備と実践」の二本の柱を立て、進めているところである。

〈近隣の教育・文化施設〉　波佐見町は四百年の伝統をもつ焼き物の町。「波佐見町歴史文化交流館」には、陶磁器関連の資料をはじめ、貴重な歴史的資料が分かりやすく展示されている。

◇秋田県五城目町立五《ご》城《じょう》目《め》小学校

①島崎徳之　②一五（特四）　③二五一　④秋田県南秋田郡五城目町上樋口字堂社八―一　⑤〇一八（八三八）一一三二　⑥JR奥羽本線八郎潟駅よりタクシーで一三分　⑦HP㊒・無

深め合う学びを通して自己の生き方を考える子ども
——いのちの教育あったかエリア——

本校は明治七年五月に開校し、令和六年に創立百五十周年を迎える。学校統合を経て、平成二十七年から町唯一の小学校となっている。

令和五年度には、五城目第一中学校とともに、秋田県教育委員会から「いのちの教育あったかエリア事業」のモデル地域として指定を受け、「考え、議論する道徳」を改善の視点とした指導方法の工夫や、家庭・地域との連携による地域社会全体で道徳教育に取り組むモデルづくりなど、地域の特色を生かした道徳教育の充実を図ってきた。

今後も、豊かな体験活動や交流活動を展開し、思いやりの心と生命を尊重する気持ちを育てるとともに、自分を大切にし夢をもって前向きに生きようとする態度を育てていきたい。

〈近隣の教育・文化施設〉　急峻な山岳地帯から肥沃な水田地帯まで変化に富んだ、農業と林業の町であり、学校から徒歩十分の中心部では約五百年の伝統を誇る朝市が開かれている。

◇岐阜県美濃市立美濃《みの》小学校

①岩見浩二　②一五（特三）　③三〇七　④岐阜県美濃市泉町一五九四―一　⑤〇五七五（三三）一一一三　⑥JR東海道線岐阜駅下車、岐阜バス美濃小学校前下車、徒歩二分　⑦HP㊒・無

多様性を活かし、仲間と共に自分らしく学ぶ児童
――ユニバーサルデザインの視点を土台として――

本校は、美濃市教育大綱基本理念「『ふるさと美濃』に誇りと愛着を持ち、ふるさとの未来を担う人づくり」を踏まえ、学校の教育目標「まごころをもってたくましく生きる子～考える子、助け合う子、元気な子～」の具現に向けて職員のチームワークを大切に実践を進めている。

市重点施策の人権教育に関する研究指定や教育事務所指定研修校として、美濃市並びに美濃地区の研究・研修の中核校としての教育実践を着実に積み重ねてきた学校である。

一方、昨今の子どもの発達や特性の多様さ、保護者・地域社会の価値観の多様さが広がる中、予測困難な時代に生きる子に自分で何とかする力を育てるために教育課程の工夫改善に努めている。

〈近隣の教育・文化施設〉　うだつの上がる町並み、美濃和紙の里会館は、社会科見学で例年数多くの学校から児童が訪れ、伝統文化や歴史学習の場となっている。

◇茨城県筑西市立新治《にいはり》小学校

①藤田忠弘　②一六（特四）　③三六七　④茨城県筑西市門井一八九〇―二　⑤〇二九六（五七）二〇六一　⑥JR水戸線新治駅より徒歩二五分、又はタクシーで五分　⑦HP㊒・無

自ら考え、主体的に行動できる児童の育成
――実生活に生かす金銭教育を通して――

本校では、「自ら学び　心豊かでたくましく生きる新治っ子の育成」という学校教育目標のもと、「自ら学ぶ子　強い子　明るい子」の育成を目指している。

金銭教育において、お金に関する価値観や生活感をもたせ、ものやお金についての知識及び技能を習得し、どのように活用していけばよいかを思考、判断、表現することで、人生や社会に生かそうとする学びに向かう力や、人間性等を高めることにつながると考える。

そこで、各教科、特別の教科　道徳、総合的な学習の時間、特別活動において、ものやお金の価値を知り、実生活に生かす活動の工夫を通して、自ら考え、主体的に行動できる児童の育成を目指し研究に取り組んでいる。

〈近隣の教育・文化施設〉　奈良時代の常陸国新治郡の遺跡として役所と倉庫であった「新治郡衙跡」、寺院であった「新治廃寺」。太々神楽などの伝統芸能や武者行列が披露される「小栗判官《おぐりはんがん》まつり」。

Ⅲ　教育活動

●思考力・判断力・表現力の育成
●キャリア教育（生き方指導）
●国際理解教育
● ICT 教育（GIGA スクール構想等）
●プログラミング教育
●食　育
●環境教育
●健康・保健教育
●言語活動
●図書館教育・読書指導
●安全・防災教育
●各教科（国語、算数、理科、図画工作、体育、特別活動）
●特別の教科　道徳
●外国語活動・外国語科
●総合的な学習の時間
●インクルーシブ教育・特別支援教育
●指導法の工夫
●教科担任制
●教育相談・生徒指導
●不登校児童への配慮
●地域の人材・施設の活用

◇北海道知内町立知内《しりうち》小学校

①柳澤　満　②一〇（特四）　③一一七　④北海道上磯郡知内町字重内一六―七　⑤〇一三九二（五）五〇二六　⑥新函館北斗駅から木古内駅（約一三分）　木古内駅前から町民センター前（路線バスで約一七分）　⑦HP㊒・無

深い学びに向かう児童の育成
――子どもが学びをつなぐ授業――

本校は令和五年度に「学校力向上に関する総合実践事業」に指定され、中核校として町内と近隣町の小学校との専科教員の派遣交流を行い、町内中学校や高校との連携も深めている。

今年度の重点教育目標は「関わりを深め、しっかり伝え合う子」であり、これにより「つなぐ　つながる　つなげる」をキーワードとして研究を行っている。個別の学びで知識・技能・経験をつなぎ、協働した学びで自分の考えと友達の考えがつながり、教師の支援で深い学びにつなげることを研究課題とし、年間に五回の公開授業研究会を行い本校の教育を発信している。ICT機器の利用にも力を入れ、個別学習や協働学習の活用の他、校務での積極的な活用を展開している。

〈近隣の教育・文化施設〉　北海道最古の温泉として八百年前に開湯した「知内温泉」がある。青函《せいかん》トンネルの北海道側の入り口があり、展望台からその姿を見ることができる。

◇北海道札幌市立宮《みや》の森《もり》小学校

①加瀬富久　②二三（特三）　③六三五　④北海道札幌市中央区宮の森四条六―一―一　⑤〇一一（六三一）六三五六　⑥市営地下鉄東西線西二八丁目駅よりバス五分　⑦HP㊒・無

変化に対応する子どもの育成
――意志をもった学びの創造――

「自分から動く子どもを育てたい」という思いのもと、「授業改善部」を中心に本研究を令和五年度より開始した。聞いたり話したりして学習を意欲的に進めていくこと、子ども自身が単元の計画を立てて見通しをもつことが、自分から動く子どもを育てることに繋がる、との考えに基づく。更に意欲と見通しをもった学びを「意志をもった学び」ととらえ進めている。視点一「自分事として学び続けるための手だて」と、視点二「友達と関わってより深く学ぶための手だて」を設定し、主に国語科と算数科に取り組んでいる。令和六年度には研究会実施を予定している。

〈近隣の教育・文化施設〉　本校の南には、札幌冬季オリンピックを記念した「札幌オリンピックミュージアム」、そして「大倉山ジャンプ競技場」がある。

◇青森県八戸市立白山台《はくさんだい》小学校

①大館秀光　②一七（特三）　③三八一　④青森県八戸市東白山台二―三二―一　⑤〇一七八（二七）九二〇〇　⑥JR東北新幹線八戸駅よりタクシーで一五分　⑦HP㊒・無

主体的に表現する児童の育成
――子どもが生き生きと学ぶ問いと対話の工夫――

本校は、平成八年に開校し、今年度創立二十八年目を迎えた。

令和三年度に全日本音楽教育研究会全国大会の開催校として、研究主題を「主体的に表現する児童の育成」とし、音楽科の授業実践を通して研究を進めてきた。その後、同主題のもと、音楽科以外の教科にも研究の幅を広げ、学ぶ意義やよさを実感しながら、仲間と協働的な学習に取り組むことで、思いや願いを主体的に表現することができる児童を育成するための研究を進めている。

研究に当たり、校内に三つのチームを編成し、チームごとに研究仮説を検証するための教科や手だてを検討し提案授業を行うとともに、視点表を活用して児童の変容に基づいた検証を行い研究を深めている。

〈近隣の教育・文化施設〉　東に「三陸復興国立公園種差海岸《たねさしかいがん》」、南に国宝の合掌土偶で有名な「是川縄文館《これかわじょうもんかん》」、西に国宝の赤糸威鎧《あかいとおどしよろい》と白糸《しろいと》威褄取鎧《おどしつまどりよろい》を所蔵する「櫛引八幡宮《くしひきはちまんぐう》」がある。

◇岩手県宮古市立宮古《みやこ》小学校

①福徳　潤　②一〇（特二）　③二〇七　④岩手県宮古市横町五―一　⑤〇一九三（六二）二〇〇九　⑥三陸鉄道リアス線宮古駅より徒歩七分　⑦HP有・(無)

ふるさとの未来を担う『人づくり』の展開
――「自分から」かかわり、学びを深める授業――

本校は、平成二十四年度に復興教育推進モデル校に指定されたことを機に、現在取り組んでいる校内研究がスタートした。令和五・六年度宮古市教育委員会研究校として指定を受け、「『自分から』かかわり、学びを深める授業づくり」を通して、指導と評価の在り方を実践的に明らかにすることを目指し、日々の授業実践を積み重ねている。

育成を目指す資質・能力として「伝え合う活動を通して、思考を広げたり深めたりしながら課題解決に向かう力」を掲げ、体験だけで終わらせず、思考力の発揮と伸長を評価しながら授業を進めることが、「ふるさとの未来を担う『人づくり』」につながるという考えを根幹に据えて研究実践に取り組んでいる。

〈近隣の教育・文化施設〉　宮古市は、森と川と海がつながり三陸海岸に面する市で、市役所、保健センター、及び市民交流センターの複合施設としての「イーストピアみやこ」がある。

◇山梨県北杜市立高根《たかね》東《ひがし》小学校

①田沢　憲　②一二（特三）　③二四四　④山梨県北杜市高根町村山北割一〇三五　⑤〇五五一（四七）二〇一四　⑥ＪＲ中央線長坂駅よりタクシーで一五分　⑦ＨＰ㊒・無

たくましく学ぶ児童の育成
――つなぐ学ぶを通して――

本校は、「未来を拓く主体性のある子ども」を教育目標に掲げ、これからの社会の変化に柔軟に対応し、知的にたくましく学び続ける児童の育成に向けて研究に取り組んでいる。

研究の柱として、「我が事意識を持ち学ぶこと」「人とのつながりを持ち互いに学び合うこと」「根気強くアクティブに学ぶこと」を目指し、「つなぐ」をキーワードに研究を進めている。

子どもたちの学びの場面では、「つなぐ」手だてを具現化し、他教科や授業外活動など多角的な学びと関連させて単元を構成すること、友達とつながることで自らの学びを深め、自ら探究する場面を設定し、これまでの知識とつなげることなどを取り入れた授業構築を目指している。

〈近隣の教育・文化施設〉　本市、清里高原にあるキープ協会は、「日本アメフトの父」と呼ばれるポール・ラッシュ博士により設立され、数多くの環境教育プログラムを開発・実施している。

◇石川県志賀町立志賀《しか》小学校

①前田倍成　②一二（特四）　③五七二　④石川県羽咋郡志賀町高浜町マ―一四―一　⑤〇七六七（三二）〇三二〇　⑥ＪＲ七尾線羽咋駅よりバス三〇分　⑦ＨＰ㊒・無

自ら課題を解決することができる児童の育成
――適切に表現できる児童を目指して――

研究の重点は大きく二点である。一つは「単元デザイン」の工夫である。学習の出口を具体的にイメージし、児童の主体性を高める学習活動の配置、他教科・領域との関連など単元全体の構想を工夫する。そのツールとして「単元デザインシート」を作成している。

もう一つは「ゆさぶり」の工夫である。授業の深める場面で児童が思考を活性化する手だてを「ゆさぶり」とし、より効果的な手だてを教員間で共有している。

上述の二点は本町教育委員会が策定する「学校教育モデル」に基づいた取組であり、町立小中学校では各々の実態や特色に応じたカスタマイズを加えながら共通実践・共有化を図り、地域ぐるみで授業改善を推進しているところである。

〈近隣の教育・文化施設〉　志賀町は、日本遺産「荒波を超えた男たちの夢が紡いだ異空間～北前船寄港地・船主集落～」に認定されている。作家坪野《つぼの》哲久《てっきゅう》、加能作次郎を偲ぶ文学顕彰もある。

◇鳥取県米子市立福米《ふくよね》東《ひがし》小学校

①井田　剛　②二八（特七）　③五七〇　④鳥取県米子市東福原五―七―一　⑤〇八五九（三三）四七九八　⑥ＪＲ山陰本線米子駅よりバスで一五分、又はタクシーで一〇分　⑦ＨＰ㊒・無

互いに認め合い、共に解決を目指す子どもの育成
――自分たちの学校・地域は自分たちが創る――

本校では、令和二年度から、未知の出来事に向かって進んでいくことのできる力を身に付けていくことを目指して、特別活動の充実に取り組んできた。慕い慕われ、頼り頼られ、教え教えられるという他者との関係の中で、自己肯定感や自己有用感を高め、他者理解を深めながら、自分の考えに自信をもって表現したり、相手に対して寛容な態度をとったりすることのできる児童の育成に努めている。

また、これまでは学校生活における取組が中心であったが、今後は地域にも目を向け、より多くの人とのつながりを意識しながら、児童の自発的・自治的な活動を活性化し、よりよい学校や地域の未来を自分たちで創造していこうとする主体的な姿を目指したい。

〈近隣の教育・文化施設〉　米子市は、鳥取県の西部に位置し、ＮＨＫ「日本最強の城」（二〇二一年元日放送）で紹介された米子城から見える「ダイヤモンド大山」は絶景である。

◇沖縄県那覇市立城岳《じょうがく》小学校

①津波　匠　②二三（特五）　③五七四　④沖縄県那覇市楚辺二―一一―一　⑤〇九八（九一七）三三一八　⑥那覇空港よりタクシーで一七分　⑦ＨＰ㊒・無

協働し、主体的に学ぶ児童の育成
――課題発見・解決のプロセスを大切にする学び――

校内研のテーマ「協働し、主体的に学ぶ児童の育成」に向け、教師自ら試行錯誤しながら、まずはやってみようとエージェンシーを発揮し、子どもたちの「最適な学び」について、多面的に授業改善・学校改善を行うために、教師で学年を取り払った教科サークル（国・算・道・特・総・ＩＣＴ）を組んで、研究を推進した。具体的な取組として、児童が先生となって授業を行う「先生ごっこ」や「単元内自由進度学習」、「教科横断的総合単元学習」、「教科の単元目標及び本時の目標を児童と一緒に決める」等の実践を行っている。また、委員会やクラブも児童（六年生）に取り組みたいものを話し合って決めさせ、自主的な活動を行えるように取り組んだ。

〈近隣の教育・文化施設〉　城岳小学校は那覇市の中心にあり、那覇教育事務所や那覇市教育委員会は徒歩圏内である。また、国際通りも近く、交通の便もよい。

◇秋田県美郷町立六郷《ろくごう》小学校

①栗林靖雄　②一三（特四）　③二二六　④秋田県仙北郡美郷町六郷字赤城一　⑤〇一八七（八四）一〇〇九　⑥JR奥羽本線大曲駅よりバス二三分徒歩三分、又はタクシーで二〇分　⑦HP㊒・無

夢や希望をもち自分の可能性を伸ばす子どもの育成
――地域連携による学びを通して――

美郷町では、多方面で活躍する町在住の方々を紹介した本『みさと働きびと』の発刊や町内の五・六年生が夏休み中に町内の企業、農家、施設等を訪問する「ミズモの郷キャリアスクール」を実施するなど、町を挙げてキャリア教育に取り組んでいる。

本校では、商店会と連携して福引大会のお手伝いやお店のPRポスター作りを、JAと連携して田植え、生き物調査、稲刈り、調理体験を通しての食育を、町の福祉保健課と連携して福祉体験、認知症サポーター養成講座を実施するなど、各学年の実態に合わせて地域と連携した活動を設定することにより、児童の学ぶ意識や主体性を高め、ふるさとを愛する心情を培うことでキャリア形成につなげている。

〈近隣の教育・文化施設〉　自然に恵まれた環境であり、環境庁「名水百選」に選定の六郷湧水群を有する。また、美郷町歴史民俗資料館は、わら細工に関して日本有数の展示・所蔵数を誇る。

◇茨城県北茨城市立中郷第一《なかごうだいいち》小学校

①川和雅人　②二〇（特三）　③四六五　④茨城県北茨城市中郷町上桜井二九〇五―一　⑤〇二九三（四二）四〇〇〇　⑥JR常磐線南中郷駅よりタクシーで七分　⑦HP㊒・無

学ぶことと自己の将来をつなげるキャリア教育
――したいこと・なりたい自分の実現に向けて――

本校は、令和五・六年度茨城県教育研修センターの研究協力校として、子どもが「できること」「意義を感じること」「したいこと」を大切にする探究的な学びを通して、学ぶことを自己の将来につなげるキャリア教育について実践研究を行っている。特に、四つの基礎的・汎用的能力の中の「自己理解・自己管理能力」に着目して研究を進めている。

児童の実態として自分に自信がない様子が見られることから、児童の「やってみたい」を大切にした授業づくりや、振り返りでのメタ認知、「自分は～ができる」と前向きな自己理解を促すリアクションワードの作成等を中心として、主体的・探究的な学びを柱に据えたキャリア教育の研究に取り組んでいる。

〈近隣の教育・文化施設〉　岡倉天心が日本美術院の拠点を移して六角堂を建立した五浦海岸に、「天心記念五浦美術館」がある。横山大観など五浦ゆかりの作家の日本画が展示されている。

◇長野県塩尻市立楢川《ならかわ》小中学校

①竹下俊明　②七（特一）　③五〇　④長野県塩尻市木曽平沢一四五一―一三八　⑤〇二六四（三四）二〇〇四　⑥JR東海中央本線木曽平沢駅より徒歩一〇分　⑦HP㊒・無

地域とともに築くキャリア教育
――地域の伝統工業・宿場町を生かした協働活動――

義務教育学校である本校では、九年間をかけて生活科・総合的な学習の時間を中心に地域とともにキャリア教育を実践している。

一年生～六年生では、触れるをテーマに体験活動を中心に進めている。六年次には模擬会社である「ならニコ漆器会社」の運営を行い、自分たちで塗った漆器の受注、販売を行っている。

七年生～九年生では、自分たちが住む地域に人口減・過疎の課題があることに注目し、その課題を解決するために、自分にできることを考え実践している。九年次には地域の観光協会や旅館や飲食店の方々と協働して、地域の課題の解決に向けて、イベントなどを行っている。

職員も子どもも地域を支える事業体としての覚悟をもって活動を進めている。

〈近隣の教育・文化施設〉　塩尻市楢川地域は、江戸時代の宿場町の面影を色濃く残す「奈良井宿」や、木曽漆器の職工町である木曽平沢を擁する豊かな自然や歴史のある地域である。

◇滋賀県甲賀市立朝宮《あさみや》小学校

①岩脇紀子　②六　③一八　④滋賀県甲賀市信楽町下朝宮二六八　⑤〇七四八（八四）〇〇〇三　⑥信楽高原鉄道信楽駅よりタクシーで一五分　⑦HP㊒・無

郷土への誇りをもち未来を切り開く子どもの育成
――「朝宮茶」を通して学ぶふるさと・未来――

本校には学校茶園があり、一年を通して「朝宮茶」の栽培を子どもたちの手で行っている。また子どもたちは、総合的な学習の時間「茶の花タイム」を中心に、三・四年生は、「朝宮茶」の製造過程について学び、五・六年生は「朝宮茶」の歴史を学び、ふるさとへの愛着、誇りを高めている。

令和三年度から、更に進んで、「朝宮茶で地域を盛り上げようプロジェクト」と題し、茶葉専門店の方の協力のもと、子どもたちが「朝宮茶」を使ったスイーツを考案し、商品開発、製造、販売を行った。今後も、子どもたちの豊かな発想と郷土への愛着、そして地域の方の願いを生かし、繋げながら、心豊かに自己実現に向かう児童の育成に励みたい。

〈近隣の教育・文化施設〉　朝宮学区は全国五大銘茶産地の一つとして全国に知られている。校区には「信楽焼《しがらきやき》」の陶芸家も在住し、毎年陶芸家の指導のもと本校の穴窯で作品を焼成している。

◇宮崎県綾町立綾《あや》小学校

①松浦寿人　②一九（特四）　③三九〇　④宮崎県東諸県郡綾町大字南俣二八一一　⑤〇九八五（七七）〇〇〇九　⑥宮交バス綾待合所下停留所より徒歩五分　⑦ＨＰ㊒・無

ＳＤＧｓの取組を取り入れたふるさと教育
――生活科・総合的な学習の時間を通して――

本校が位置する綾町がユネスコエコパークに認定されたことに伴い、綾小学校はユネスコスクールに加盟し、生活科・総合的な学習の時間を中心に「ふるさとキャリア教育」の推進を図っている。そのため、毎年度、職員間で協議する時間を設定し、児童の実態に応じて生活科・総合的な学習の時間の年間指導計画を見直すとともに、ＳＤＧｓの十七の目標との関連を洗い出し、キャリア教育の学年ごとの全体計画の見直しも行っている。学校全体として組織的に取り組んでいること、地域や大学、関係団体等と連携した効果的な実践をしていることで、ＥＳＤ（持続可能な開発のための教育）についての取組のモデルになるのではないかと考える。

〈近隣の教育・文化施設〉　綾町は照葉樹林都市として知られ、全国各地からの移住者が増加している。「照葉《てるは》大吊橋《おおつりはし》」（完成当時世界一）やＪリーグがキャンプを行っている「錦原《にしきばる》運動公園」がある。

◇富山県南砺市立福野《ふくの》小学校

①高川芳昭　②二三（特四）　③六二九　④富山県南砺市二日町五〇　⑤〇七六三（二二）四一八一　⑥ＪＲ城端線福野駅より徒歩一五分、又はタクシーで五分　⑦ＨＰ㊒・無

ユネスコスクールの取組
――アメリカ・リッチモンド小との交流から――

本校は、平成十二年よりアメリカ・オレゴン州ポートランド市のリッチモンド小学校との交流を続けてきた。また、積極的にふるさと学習に取り組み、地域とともに学びを深めてきた。これらの取組がユネスコスクールの理念に合致していると認められ、平成二十九年にユネスコスクールへの加盟が承認された。

リッチモンド小学校との交流は毎年行われ、アメリカの子どもたち三十名程のホームステイを受け入れたり、本校で授業を共にしたりしている。この交流が、子どもたちにとって、外国の人々の生活や考え方の違いに気付いたり、進んで異文化に親しんだりするよい機会となっている。今後も、学校や地域のよさを未来につなげることを意識して取組を進めていく。

〈近隣の教育・文化施設〉　市内には世界文化遺産の五箇山合掌造り集落があり、寺社・文化財も多い。校区にある「ヘリオス」では、一年を通して音楽や美術等の催しが盛んに行われている。

◇福岡県田川市立後藤寺《ごとうじ》小学校

①佐藤栄一　②一三（特三）　③二四一　④福岡県田川市宮尾町一―九　⑤〇九四七（四四）〇一二四　⑥ＪＲ田川後藤寺駅より徒歩五分　⑦ＨＰ㊒・無

韓国　吐月《とうる》初等学校との国際交流教育
――福岡県田川市立後藤寺小学校の挑戦――

一九九一年（平成三年）ＰＴＡから、「田川に住む子どもたちが国際人としての感覚を身につけ、広い視野に立って判断し、行動できるような子どもに育ってほしい」との提言が出され、校長・ＰＴＡ会長が中心となり福岡県日韓親善協会の協力を得て、一九九五年に、行政からの財政支援を受けずＰＴＡの財源で、吐月初等学校との交流が始まり現在も続いている。交流は、二年ごとに互いの国に訪問するホームステイと作品交流である。互いの校歌を覚え合唱したり、それぞれの国の伝統や文化を直接体験したりすることにより、児童・教職員・ＰＴＡが言葉の壁を乗り越えて、交流が深まっていることは大きな成果であると考えている。

〔近隣の教育・文化施設〕　田川市石炭・歴史博物館（石炭資料をはじめ、日本で初めてユネスコ世界記憶遺産に登録された「山本作兵衛《やまもとさくべえ》コレクション」を六百二十七点所蔵し展示されている）。

◇岩手県遠野市立宮守《みやもり》小学校

①菊池和恵　②八（特二）　③六七　④岩手県遠野市宮守町下宮守二六―六　⑤〇一九八（六七）二一三五　⑥ＪＲ釜石線宮守駅より徒歩一五分　⑦ＨＰ㊒・無

主体的に学び、確かな学力を身に付ける児童の育成
――効果的なＩＣＴ活用を通して――

本校では、どの学年でもＩＣＴを効果的に活用した授業ができるように校内体制を整えている。全学級への電子黒板等の導入と個々の教員のＩＣＴ活用リテラシーに差が生じないような校内研修会を実施している。ＩＣＴ指導教員から教材アプリの活用法を学び、全教員で各教科・各領域で授業実践を積み重ね、実践例を共有して児童が主体的に学ぶ授業づくりを目指している。

児童の一人一台端末は、授業と家庭学習での活用が進んでいる。児童の端末には様々な教材アプリが入っており、授業中の習熟の時間や家庭学習で個別問題に取り組んでいる。個別最適な学びとしてＩＣＴ活用の有効性を感じているので、今後更なる効果的な活用を模索していく。

〔近隣の教育・文化施設〕　遠野市は民俗学者柳田国男の著書「遠野物語」の舞台であり、国重要文化財旧千葉家住宅（南部曲家　千葉家）等「民話のふるさと」としての多くの文化財がある。

◇栃木県佐野市立田沼《たぬま》小学校

①松本喜好　②一四（特四）　③二七三　④栃木県佐野市田沼町六〇三　⑤〇二八三（六二）〇〇四七　⑥東武佐野線田沼駅から徒歩五分　⑦HP㊒・無

児童の深い学びに資する学校DX
――思考力・判断力・表現力を高める授業の工夫――

「学習指導の工夫と改善」：全授業者が一人一台端末を活用した研究授業を行うことで、個別最適な学びと協働的な学びを一体的に位置付けた学習過程の充実を目指し、児童のより深い学びの実現を図る。

「校務の情報化の実践」：校務の時短を目指し、会議や回覧等の文書配信やアンケート回収、集計等のデジタル化を図るなどの校務の情報化に関する業務改善のアイデアを積極的に実践する。

「ICT活用状況の調査と広報活動」：児童及び教職員に対して、ICT活用がもたらすメリットについて検証を行う。また、本校の実践を市内掲示板、学校WEBサイト等で発信することで家庭や地域、市立学校と情報を共有し、実践の深化につなげる。

〈近隣の教育・文化施設〉　旧田沼町内には、グローバルスポーツの拠点として、ジャパンカップ全国決勝大会や国際的なクリケットイベントが開催される「佐野市国際クリケット場」がある。

◇埼玉県さいたま市立大東《だいとう》小学校

①多田嘉典　②二四（特二）　③七〇三　④埼玉県さいたま市浦和区大東三―一四―一　⑤〇四八（八八六）七二九六　⑥JR京浜東北線北浦和駅よりバス五分徒歩七分、又はタクシーで一〇分　⑦HP㊒・無

自ら学習を調整し、生き生きと学ぶ児童の育成
――ICTの効果的活用による学びの充実――

さいたま市では、「学びのポイント『じ・し・ゃ・く』でつながる学び」を掲げ、自分で決める、思考する、やってみる、クラウド上でつながるをポイントに学習の質的向上を目指している。本校は、令和五年度「リーディングDXスクール事業（文部科学省）」の指定を受け、ICTの普段使いによる学びの充実に取り組んだ。令和六・七年度は、更に研究を進め、①ルーブリックやポートフォリオ評価を用いた学習意欲の向上、②見通しをもち、教科の見方・考え方を働かせる個別最適な学び、③お互いの学習過程の見える化や共同編集による協働的な学びの三点を柱に、試行錯誤しながら自分で学習を調整し、生き生きと学びに向かう児童の育成を目指す。

〈近隣の教育・文化施設〉　東京二〇二〇会場となった「埼玉スタジアム二〇〇二」をはじめ、「見沼田んぼ」や国指定史跡の「見沼通船堀」、「岩槻人形博物館」、「造幣さいたま博物館」、「鉄道博物館」等がある。

◇神奈川県川崎市立南《みなみ》河原《がわら》小学校

①宝谷拓之 ②二一（特六） ③四五〇 ④神奈川県川崎市幸区都町一八 ⑤〇四四（五二二）二五七三 ⑥JR川崎駅西口より徒歩一五分、又はJR川崎駅西口北より市営バス小杉駅前行もしくは上平間行で神明町下車徒歩六分 ⑦HP㊒・無

自ら考え、表現し、行動する子
——友と関わり、主体的に取り組む姿を目指して——

本校では、リーディングDX事業推進校として、GIGA端末を使った個別最適な学びと協働的な学びの一体化の充実に向けて研究を進めている。子どもが主体的に課題に取り組み、自立した学習者となるため子どもが見通しをもって自ら学ぶことができるように授業改善に取り組んでいる。いつでも他者参照ができる点、一人一人の思いをしっかりと表現できる点においてGIGA端末を有効に使えるように児童と教員とで試行錯誤している。

また、課題に対する自分の目当てをはっきりとさせたり、学習の最後は個に戻り振り返ったりすることで、何を学ぶかではなく、何が身に付いたのかということに重点を置き、教科の枠を超え実践を積み重ねている。

〈近隣の教育・文化施設〉 JR川崎駅西口には、身のまわりの科学技術を分かりやすく展示した東芝未来科学館があり、隣接して「音楽のまち　かわさき」のシンボル、ミューザ川崎がある。

◇静岡県富士宮市立山宮《やまみや》小学校

①山崎雅史 ②六 ③一三一 ④静岡県富士宮市山宮一五六〇—一 ⑤〇五四四（五八）一〇〇九 ⑥JR身延線富士宮駅より万野栗倉循環バス万野原団地入口下車、徒歩三〇分、又はJR富士宮駅タクシーで二〇分 ⑦HP㊒・無

「個別最適な学び」と「協働的な学び」の一体的な充実
——ICTを効果的に活用した授業——

本校は、令和四年度より富士宮市教育委員会の研究指定校として、ICTを活用した「個別最適な学び」と「協働的な学び」の一体的な充実をテーマに一人一台端末を活用した授業改善の研究を進めている。各学年・各教科で「個別最適な学び」と「協働的な学び」を一体的に充実させることができた授業実践を、「ICT活用実践シート」として積み重ねた。同時に、市内各校にも「ICT活用実践シート」の趣旨を理解していただき、そのシートを集めた。これらと単元配列表とがリンクするプラットフォームを作成することで、市内各校をまきこんだ形でタイムリーな実践報告を共有する取組を進めている。

〈近隣の教育・文化施設〉 富士宮市は、世界文化遺産である富士山の麓に位置し、構成資産として、学区には「山宮浅間神社《やまみやせんげんじんじゃ》」、市内には「富士山本宮浅間大社」や「村山浅間神社」、「白糸ノ滝」がある。

◇愛知県稲沢市立牧川《まきがわ》小学校

①内田彦次　②八（特二）　③一五一　④愛知県稲沢市祖父江町両寺内砂崎九九〇　⑤〇五八七（九七）〇一一二　⑥名鉄尾西線上丸渕駅より徒歩約三〇分、又はタクシーで一〇分　⑦ＨＰ㊒・無

自ら問いや課題を見いだし、深く学ぶ児童の育成
――ＩＣＴを活用した学びを通して――

教師間のＩＣＴの知識や操作スキルの差は、授業でのＩＣＴ活用の差に直結するため、教師のＩＣＴ活用の必然回数を組織として増やす「ＩＣＴの日常化」を図った。児童への連絡や欠席遅刻・健康状況のデジタル集約、職員の行事反省・意見集約のＩＣＴ活用である。

深い学びの核心に迫るため、ＩＣＴの特性を生かした情報・思考の「共有」を行った。ペア、グループ、学級全体での情報・思考の共有は、「児童が自分の考えをつくるヒント」や「自身の情報・思考を吟味し、再考を促す源」となった。共有後の対話で子ども同士が考えを練り合い、教師が学びの状況を即座に一覧表示で把握し集団におけるファシリテーターとなって、深い学びを促進した。

〈近隣の教育・文化施設〉　稲沢市は、濃尾平野西部に位置し、西に木曽川を臨む。「国府宮はだか祭」は、神男に触れて厄を落とそうとする裸男たちの壮絶な揉み合いが見所である。

◇石川県加賀市立橋立《はしたて》小学校

①東野和彦　②八（特二）　③九一　④石川県加賀市小塩町ろ1　⑤〇七六一（七五）二一一一　⑥ＪＲ北陸本線加賀温泉駅よりバス二八分徒歩八分、又はタクシーで一三分　⑦ＨＰ㊒・無

ＩＣＴを活用して学び、考えを広げ深める子の育成
――学びの自覚と学ぶ楽しさがある授業の創造――

加賀市学校教育ビジョン「Ｂｅ ｔｈｅ Ｐｌａｙｅｒ」では、これからの時代に必要な「常識や前提にとらわれない新たなものを生み出す力」「問題発見力」「課題解決力」「革新性」の育成を指針としている。また、本校は令和五年度、文部科学省「リーディングＤＸスクール事業」及び石川県教育委員会「ＧＩＧＡスクール構想の実現に向けた教員の指導力強化事業」の指定を受けた。これらを踏まえ上記を研究テーマとして取り組んだ。この実現のため、ＩＣＴ機器の活用能力の向上や、市内共通学習ソフトや汎用性の高いアプリを授業等で効果的に活用するための積極的な校内研修を行い、教員の指導力の向上と授業改善を目指した。

〈近隣の教育・文化施設〉　加賀市は、北前船で栄えたことを示す「北前船の里資料館」や雪の結晶で知られる「中谷宇吉郎雪の科学館」、水鳥の生息地である鴨池観察館がある。

◇兵庫県西脇市立桜丘《さくらがおか》小学校

①柳川瀬輝彦　②八（特二）　③九七　④兵庫県西脇市黒田庄町石原一四七〇　⑤〇七九五（二八）二二〇三　⑥ＪＲ加古川線本黒田駅より徒歩一五分、タクシーで五分　⑦ＨＰ㊒・無

一人一台端末を活用した授業の進化と深化
――リーディングＤＸスクール事業を通して――

ＧＩＧＡスクール構想により、一人一台端末とクラウド環境の整備が大きく進んでいる。児童が一人一台端末を活用して、主体的で深い学びが実現するよう、本校を含む中学校区において、「リーディングＤＸスクール事業」の指定を受け、全国の多くの学校の実践に刺激を受けながら、この事業に取り組んでいる。四月に不安でいっぱいの中、スタートを切ったが、様々な研修会への参加、先進校への視察訪問等により、本校を含む中学校区の実践も少しずつ進んできた。引き続き、ＶＵＣＡ（変動性・不確実性・複雑性・曖昧性）の時代をたくましく生き抜く児童の情報活用能力育成と、教職員の情報活用指導力向上に重点的に取り組んでいく。

〔近隣の教育・文化施設〕　東経一三五度・北緯三五度の交差点があり、「日本のへそ」のまちと呼ばれている。西脇市市民交流施設「オリナス」西脇市茜が丘複合施設「みらいえ」がある。

◇鳥取県鳥取市立倉田《くらだ》小学校

①國政裕恵　②八（特二）　③一〇四　④鳥取県鳥取市八坂五四―一　⑤〇八五七（五三）一〇四二　⑥ＪＲ山陰本線鳥取駅よりバス二〇分徒歩五分、又は鳥取駅よりタクシーで一〇分　⑦ＨＰ㊒・無

自ら考え　つながり　創り出す　子ども
――ＩＣＴを活用し主体的に学ぶ算数科の授業――

本校は、令和三・四年度に「ＩＣＴを活用したとっとり授業改革推進事業（ＩＣＴ活用推進指定地域）」の県の指定を受け、中学校区（一中学校、四小学校）で、児童生徒の情報活用能力の育成に取り組んできた。そのなかで、本校は、「学習課題や発問の工夫、ＩＣＴの効果的な活用により、児童は主体的に学習に取り組むことができるだろう」という仮説を立て取り組んだ。ＩＣＴ活用については、鳥取県ＩＣＴアドバイザーの指導を受け、タブレットは指導のツールから学びのツールにならなければならないこと、効果的に活用するのは児童であることを学んだ。今後は、更に効果的な活用法について研究を重ね、学力向上につないでいきたい。

〔近隣の教育・文化施設〕　校区内に、県の無形民俗文化財に指定されている「円通寺《えんつうじ》人形芝居《にんぎょうしばい》」が伝承され、保存会のメンバーの指導のもと倉田小でも「でこクラブ」として活動している。

◇岡山県岡山市立平福《ひらふく》小学校

①怒田眞由美　②二三（特八）　③四八六　④岡山県岡山市南区平福一―七―一　⑤〇八六（二六三）七六二一　⑥JR岡山駅よりバス（築港元町線）平福バス停より徒歩七分　⑦HP㊒・無

子どもの考えをつなぎ学びを深めていく授業づくり
――主体的で対話的な学びにつながるICT活用――

本校は、平成三十一年度より二年間、岡山市教育委員会より「ICT活用研究指定校」を受け、一人一台端末を活用した授業づくりの研究を行っている。GIGAスクール構想に移行した以降もICT活用による授業研究を継続して行っている。

令和五年度からは、協働的な学びをサポートするアプリケーションソフトを導入して、授業改善に取り組んでいる。子どもたちは発達段階に応じて、友達の考えを共有し、話し合ったり、思考ツールを使って考えを深めたりしている。さらに、調べたことをまとめたり、自分の考えを整理したり、深めたりするなど、表現力・思考力を高めるためのICT機器の有効的な活用方法を模索している。

〈近隣の教育・文化施設〉　果物王国岡山県の農業公園「岡山市サウスヴィレッジ」。果物の収穫体験が楽しめる他、園内には芝生広場やスペインの農家をモデルとした宿泊施設などを備える。

◇大分県玖珠町立塚脇《つかわき》小学校

①平原一幸　②一四（特二）　③二七七　④大分県玖珠郡玖珠町大字塚脇一九八　⑤〇九七三（七二）〇二三二　⑥JR久大線豊後森駅より徒歩一五分、又は豊後森駅よりタクシーで五分　⑦HP㊒・無

考えを伝え合い、深め合う授業
――ICTを活用して――

本校では、「①子どもの考えを深化・拡充するような交流活動をする」「②問題提示や振り返りの際にICTを活用する」の二つを重点として授業研究を進めている。

特に学習支援ソフトの有効的な活用を研究・模索しながら、一方で、それを支えるタイピング力やICTを活用するための基礎的な能力の育成を組織的に進めている。また、校務でも様々な会議や活動でICTを活用し、負担軽減を目指している。

〈近隣の教育・文化施設〉　日本のアンデルセンと称される「久留島武彦の記念館」や、現存する扇型機関庫としては九州唯一の近代化産業遺産の「豊後森機関庫」がある自然豊かな町である。

◇宮崎県日向市立富高《とみたか》小学校

①山元雅彦　②一九（特三）　③四五五　④宮崎県日向市大字富高六五二〇　⑤〇九八二（五二）二〇四七　⑥宮交バス都町停留所より徒歩五分　⑦ＨＰ㊒・無

主体的・対話的で深い学びの実現に向けた授業改善
――効果的なＩＣＴ活用を通して――

　年度当初は、校内のＩＣＴ環境やツール、成果物等を確認し、職員の基本的なＩＣＴに関する知識や技能を平準化することから始めた。ＩＣＴ活用が得意な職員に授業を公開してもらうなどの研修を積み上げながら、ＩＣＴの効果的な活用のイメージ作りにも取り組んできた。同時に、情報モラルに関する参観授業を実施することで、保護者に対する情報モラルの啓発の手だてとした。オンラインでの学び合いを実施するための環境整備のために、ＭＩＣＲＯＳＯＦＴ ＴＥＡＭＳやＷＨＩＴＥ ＢＯＡＲＤを活用したり、実践的に取り組むことが職員のＩＣＴスキルを高めることにつながるため、「とにかく触ってみる」ことを中心に取り組んでいる。

〔近隣の教育・文化施設〕　日向市は、「日向ひょっとこ踊り」発祥の地である。馬ケ背やクルスの海に代表される日向岬の景勝地は、日豊海岸国定公園の南端付近に位置している。

◇鹿児島県鹿児島市立桜峰《おうほう》小学校

①大迫　誠　②四　③二五　④鹿児島県鹿児島市桜島松浦町三五五　⑤〇九九（二九三）二〇〇五　⑥桜島フェリー及び鹿児島市営バス桜峰小学校前下車徒歩一分　⑦ＨＰ㊒・無

「自律する児童の育成」を目指す学校経営
――教育ＤＸによる予習型授業の推進――

　本校では、予習型授業を進めている。それは、家庭での「予習」、学校での「展開」「終末」「習熟」「導入」という指導過程を経る授業方法である。授業の「予習」の過程では、授業の終盤に予習課題を出された児童が、持ち帰った端末で予習を行い、翌日の授業までに送信する。そのことによって翌日の授業への意欲を持続することができるとともに、教師も事前に児童の課題を把握した上で授業を展開することができる。授業の「習熟」の過程では、全教科でＡＩドリルを活用している。また、研究授業を動画サイトで限定公開にし、リモートで他校の職員も見ることができ、小中連携も図られている。自律する児童の育成のために、研究を重ねている。

〔近隣の教育・文化施設〕　活火山である桜島の北部に位置し、「桜島・錦江湾ジオパーク」に認定されている。令和八年度には桜島地域の全ての学校を一つにした義務教育学校が創設される。

◇鹿児島県鹿児島市立星峯西《ほしがみねにし》小学校

①永里智広　②二四（特七）　③五四六　④鹿児島県鹿児島市星ヶ峯四―九―一　⑤〇九九（二六五）三九五六　⑥JR鹿児島本線広木駅より徒歩一一分、又はタクシーで五分　⑦HP㊒・無

学級間格差を解消して推進する「教育の情報化」
――アナログとデジタルの学習指導の融合――

令和三年四月から学級間格差を解消して学校全体で「教育の情報化」を推進。その実践が令和四年六月に小学館「みんなの教育技術」WEB版に連載。令和四年四月からはアナログとデジタルを融合させた学習指導を明らかにする研究に着手。令和三・四年度は、主に「学びの保障」のためのオンライン授業を中心とした研究を行い、令和五年三月に「アナログとデジタルの学習指導の融合を目指した実践記録集（二〇二一・二〇二二）」を発行。令和五年四月から全教員がタブレット端末を活用した授業、補充指導、家庭学習を行えることを目指した研究実践を継続し、アナログとデジタルの学習指導を融合させた「実践事例集Ⅱ（二〇二三）」を発行した。

〔近隣の教育・文化施設〕　鹿児島中央駅から西方八キロメートルに位置し、緑の山々に囲まれた静かな住宅地。住宅地区と一部農村地区からなる。星ヶ峯中央公園、知的障害者福祉センター。

◇鳥取県米子市立和田《わだ》小学校

①太田敦弘　②八（特二）　③九三　④鳥取県米子市和田町三二七一　⑤〇八五九（二八）八〇九〇　⑥JR境線和田駅より徒歩一〇分　⑦HP㊒・無

自ら考え判断し、表現する児童の育成
――プログラミング的思考を育む学習活動の工夫――

児童アンケートにおいて、「自分の考えを言葉や図を使って説明できる児童が少ない」という実態が全学年で見られた。そこで、児童の表現力向上を目指すため、図や式の意味を学習用語を用いて、根拠を明らかにして説明ができるようにすることや、相手により伝わるように、順序立てて説明できるような指導に力を入れることにした。そのために教師は、プログラミング的思考に係る学習活動の工夫や「めあて―まとめ―ふり返り」までの見通しを意識した学習展開を行った。

児童が考えを発表する時の手だてや授業研究会を通して、「自分で考え、根拠を明らかにしながら筋道を立てて説明できる力が身に付いてきている」と実感している。

〔近隣の教育・文化施設〕　米子市は国立公園大山の麓に位置し、近隣には、アジア大陸の文化を展示している「アジア博物館・井上靖記念館」がある。

◇佐賀県唐津市立切木《きりご》小学校

①宮崎淳子　②五（特一）　③四〇　④佐賀県唐津市肥前町万賀里川二三三一―二　⑤〇九五五（五三）二二〇〇　⑥大手口バスセンターより万賀里川バス停までバスで二五分　万賀里川バス停から徒歩三分　又は大手口からタクシーで二五分　⑦ＨＰ㊒・無

筋道を立てて自ら課題を解決し表現する児童の育成
――プログラミング的思考を育む授業づくり――

小学校学習指導要領の第一章総則には、情報活用能力の育成を図るために、「児童がプログラミングを体験しながら、コンピュータに意図した処理を行わせるために必要な論理的思考力を身に付けるための学習活動を各教科の特質に応じて計画的に実施すること」と明記されている。本校では、日々の各教科の授業実践の中で、課題解決を意図した学習展開を取り入れることで「プログラミング的思考」の育成が可能であると考えた。そこで、各教科等の学習過程に、プラグド、アンプラグド双方を効果的に活用し、プログラミング的思考を育む授業づくりを行うことで、筋道を立てて、自ら課題を解決し、表現できる児童の育成を図る。

〈近隣の教育・文化施設〉　約四百年前に、豊臣秀吉に滅ぼされた波《は》多《た》三河守《みかわのかみ》の家臣が岸岳城から切木に持ち帰った一株のぼたんが、現在五百もの花を付け、県の天然記念物に指定されている。

◇群馬県高崎市立吉井《よしい》小学校

①木村達也　②一五（特三）　③三四三　④群馬県高崎市吉井町吉井二三五―一　⑤〇二七（三八七）三二一〇　⑥上信電鉄吉井駅より徒歩二分　⑦ＨＰ㊒・無

食の大切さを理解し、残さず食べる児童生徒の育成
――調理場・学校・家庭・地域との連携を通して――

本校では隣接する吉井給食センターと連携し、「好き嫌いが多い」という地域の課題を解決するために、学校や家庭、地域と連携して給食時間やＴＴ授業で食に関する指導を行ってきた。一～六年生の学級活動や家庭科等の学習に本校置籍の給食センターの栄養教諭や栄養士が参加し、専門家から話を聞く機会を設け、食育の充実に取り組んでいる。また、カムカム献立やリクエスト献立、豆料理や各地の郷土料理を献立に取り入れ、児童生徒が健康や食に関心をもてるように工夫している。給食時間の食に関する指導では吉井地域の小中学校・幼稚園八十一学級に対象を広げ、年間一～二回の指導を実施し、地域全体の好き嫌いを減らすための取組を行っている。

〈近隣の教育・文化施設〉　高崎市は上越新幹線、北陸新幹線が分岐する交通の要地である。「音楽のある街・高崎」としてマーチング・フェスティバル等の音楽イベントを毎年開催している。

◇兵庫県香美町立長井《ながい》小学校

①川元早苗　②四　③二五　④兵庫県美方郡香美町香住区大野八三一一　⑤〇七九六（三六）三〇〇五　⑥ＪＲ香住駅より車で一〇分　⑦ＨＰ㊒・無

食でつなぐ人・地域・未来
——ふるさとに根ざした探究活動を通して——

本校は明治七年創立で、令和六年度には百五十周年となる伝統ある学校である。本校には「もやいの心」（共同でする、つなぎ合う）が引き継がれており、令和五年度、「食」をこの心で繋げていこうとテーマを設定し取組を始めた。校区には学校給食に野菜等を提供する生産者が多く、畑も近隣にあるため、訪問して体験交流の機会を得ることができた。また、地域の方の田んぼを学農園としてお借りし、保護者・地域と連携した「田植え」「稲刈り」に長年取り組んでいるが、令和五年度はそれを発展させて地域の方を講師として招聘し、全校生で「稲作学習会」をもつこともできた。今後は、子どもたちの「食」に関する学びを未来につなげる取組に高めていきたい。

〈近隣の教育・文化施設〉　校区には、但馬の銘酒「香住鶴《かすみつる》」を製造する香住鶴株式会社がある。また、六月下旬から九月の間、数多くの桔梗が咲きほこる但馬七花寺霊場の一つ「遍照寺《へんじょうじ》」がある。

◇福岡県築上町立上城井《かみきい》小学校

①橋内幸江　②三　③一六　④福岡県築上郡築上町大字本庄一六八八　⑤〇九三〇（五四）〇〇〇四　⑥ＪＲ築城駅より車で二〇分　⑦ＨＰ㊒・無

よりよい食生活を目指す児童の育成
——人・もの・ことをいかした体験活動を通して——

本校は、令和四年度から二年間、福岡県学校給食研究指定を受け、町の特産品であるキクイモを調査対象として研究を進め、食育の充実を図っている。キクイモの栽培・収穫・販売・収益化の中で、数多くの学校独自の体験学習を実施している。低学年では、キクイモの成長の観察・記録を積み重ね、中学年では、「キャラクター・歌・ＣＭ」づくり等の活動を行い、町のキクイモを有名にしようと取り組んでいる。キャラクターは、商品パッケージとして採用された。高学年では、地元の人たちの願いをかなえようとキクイモを使った給食メニューを考え、昨年度からメニューとして採用された。今後も、体験活動を取り入れながら、食への関心を深めていきたい。

〈近隣の教育・文化施設〉　学校の近くには、樹齢約一九〇〇年と言われる日本第四位の巨樹「本庄《ほんじょう》の大楠《おおくす》」がある。「城井ノ上城址《きいのこじょうし》」をはじめ、町内には数多くの山城や砦跡が今も残っている。

◇福島県伊達市立大田《おおた》小学校

①鈴木　茂　②七（特一）　③九七　④福島県伊達市保原町大泉字前原内一一一　⑤〇二四（五七六）三五七一　⑥阿武隈急行線二井田駅より徒歩八分　⑦HP㊒・無

地域の特性や発達の系統性を踏まえた環境教育
——私たちの手で地球にやさしい〝ふくしま〟を——

本校が環境教育に取り組むに当たり、自治組織がしっかりしている地域の特性を生かした活動と発達の系統性を踏まえた教科横断的な学習を大切にしている。

地域の特性を生かした活動のひとつとして、地域住民と共に駅前や集会所の緑化に取り組んでいる。この積み重ねにより、環境美化への意識を高めている。また、発達の系統性を踏まえた学習では、低学年で遊びを通して自然の恵みを感じることから始め、高学年で自然環境問題を取り上げて自分事として考える学習へと発展させている。

令和五年度より高学年では、施設などの見学を取り入れながら震災被害及び原子力災害の実際と復興・再生への歩みを理解し、福島の未来を考える機会にしている。

〈近隣の教育・文化施設〉　国指定重要文化財「旧亀岡家住宅」、野球場・フットボール場・パークゴルフ場、幼児から小学生までが楽しめる遊具施設などを有する「保原総合公園」がある。

◇愛媛県今治市立富田《とみた》小学校

①藤原勝彦　②二三（特四）　③五六三　④愛媛県今治市上徳甲三九四—四　⑤〇八九八（四八）六一六九　⑥JR予讃線富田駅より徒歩八分　⑦HP㊒・無

環境問題に主体的に関わる児童の育成
——地域の自然環境・人材を生かした授業づくり——

富田校区は、海岸から田園地帯を挟んで丘陵地まで、多様な自然環境を有する。特に、愛媛県の特定希少野生生物に指定されている「ハマビシ」や「ウンラン」が自生する織田ヶ浜は、児童にとって貴重な学びの場になっている。多様な自然環境を生かした体験学習や探究活動、保護活動では、愛媛県生物多様性センターや地元の自治会、企業、ボランティア団体等、外部人材の協力を得て、学びの充実を図っている。

環境問題に主体的に関わる児童を育成するために、「体験活動を通して、環境について感じ、考えを深める力」と「課題解決に向けて、進んで環境保全に向けた実践を行おうとする力」を育てることを重点指導事項として研究を進めている。

〈近隣の教育・文化施設〉　校区には、災害時に避難所となり、安全・安心で人と地域と世代をつなぐことを基本コンセプトとした「今治モデル」のごみ処理施設「バリクリーン」がある。

◇宮崎県日之影町立日之影《ひのかげ》小学校

①隈元辰男　②三　③二三　④宮崎県西臼杵郡日之影町大字岩井川三六六五　⑤〇九八二（八七）二六七九　⑥宮交バス日之影発電所停留所より徒歩五分　⑦HP㊒・無

持続可能な社会の創り手を目指す環境教育の在り方
――総合的な学習の時間におけるESDを通して――

高学年における総合的な学習の時間において、SDGsをテーマに取り組み、それを発信していく活動を行うことで、学校だけでなく地域住民にもSDGsについての理解を深めている。

また、これまでにない新しいものを創り出すよりは、これまで取り組んできた環境学習をSDGsの視点で整理することで、より持続可能な取組となっていると考えている。そして、キャリア教育の一環として、日之影町全体学校運営協議会と地域学校協働活動が一体となった実践が行われていることにより、更に「持続可能な社会の創り手」の育成につながることを期待して取り組んでいる研究である。

〈近隣の教育・文化施設〉　日之影町は、森林セラピー基地の一つとしても知られており、自然豊かな町である。自然温泉が楽しめる「日之影温泉駅」（鉄道は廃線）は有名である。

◇群馬県沼田市立薄根《うすね》小学校

①大竹敏之　②一四（特二）　③二八七　④群馬県沼田市善桂寺町三二　⑤〇二七八（二二）二八九一　⑥JR上越線沼田駅より徒歩二〇分、又はタクシーで五分　⑦HP㊒・無

健康と命の大切さについて主体的に考える子の育成
――児童参加型講話や各教科等での学びを通して――

本校は、令和二・三年度の二年間スポーツ庁委託事業、「ぐんまの子どもの体力向上推進事業」の指定を受け、授業研究や実践活動を行い、主体的に運動に取り組む児童の育成を図った。「できた」「わかった」が実感できる授業を経験し、自ら運動を楽しみながら体力の向上を図ろうとする雰囲気にあふれている。

令和五年度文部科学省から、薄根中学校・県立沼田女子高校と共に地域指定を受けた。特に薄根中学校とは隣接しており、通学区域も同じであることから、互いに企画した啓発講演会に双方の保護者が参加できるようにして、地域全体で健康について考えていく取組とした。今後授業公開と検討委員会を経て、実践発表を行う予定である。

〈近隣の教育・文化施設〉　真田氏ゆかりの「沼田城址公園」や「片品川河岸段丘」が有名であり、市役所テラス沼田二階にある歴史資料館で常設展示や企画展を催し沼田の魅力を紹介している。

◇群馬県草津町立草津《くさつ》小学校

①水出宣広　②九（特二）　③一七六　④群馬県吾妻郡草津町大字草津三一一　⑤〇二七九（八八）二二五六　⑥ＪＲ吾妻線長野原草津口駅よりバス二五分徒歩三分　⑦ＨＰ㊒・無

主体的に体力向上に取り組む草津っ子の育成
――運動の楽しさや喜びを味わえる場の工夫――

本校は、令和五年度ぐんまの子ども体力向上推進事業における体力向上推進モデル校の委嘱を受けた。体育授業の充実に向けて、児童同士の学び合いが深まるような場の設定、地元プロスポーツ選手（ザスパ草津Ｃ）や地域人材（水泳、スキー）を活用する授業改善を行った。また、全校で集団活動の活性化や、委員会の体力向上に焦点を当てた活動、万歩計による運動量の見える化等の実践を重ねた。保健委員会による体幹を鍛える「草津っ子体操」は学校保健委員会で発表され、定期的に朝活動で行っている。年度内に二回の意識調査と体力テストを実施し検証する。

体力向上を通し、自ら考え、正しく判断し、意欲的に行動する児童の育成を推進している。

〈近隣の教育・文化施設〉　草津温泉を世界第一級の温泉保養地と紹介したドイツ人医師ベルツ博士の資料を集めた「ベルツ記念館」や、人権学習につながる「重監房資料館」などがある。

◇神奈川県相模原市立橋本《はしもと》小学校

①佐藤美佳　②三二（特六）　③八五〇　④神奈川県相模原市緑区橋本一―一二―二〇　⑤〇四二（七七三）一六七一　⑥ＪＲ横浜線橋本駅より徒歩一八分　⑦ＨＰ㊒・無

自己の課題に気付き解決に向けて思考し判断する子
――もっともっと子どもが夢中になる授業づくり――

本校は創立五十周年を迎え、地域に根ざした創意ある学校経営を推進している。また、令和四年度より神奈川県児童生徒健康・体力つくり実践研究校として委託を受け、体育科の授業研究を進めている。体育科の授業研究では、①見通し（単元のスタートとゴールを意識して指導計画を立てる）②場つくりの工夫（子どもが夢中になって運動できる場の工夫）③教師の声掛け（子どもの姿を見取り、その場で声を掛ける）を三つの具体的な手だてとして、子どもが夢中になって運動に取り組むことができる授業づくりを目指している。子どもの「もっともっと活動したい」という思いを引き出せるような教師の働き掛けを大切にして、研究を更に進めていく。

〈近隣の教育・文化施設〉　学校周辺は大型ショッピングモールや工場、高層マンションが立ち並ぶ。また、橋本駅周辺では、リニア中央新幹線の東京から二番目の駅の建設が始まっている。

◇愛知県一宮市立浅井《あざい》南《みなみ》小学校

①伊藤之一　②一四（特二）　③二九三　④愛知県一宮市浅井町東浅井字地蔵三八六　⑤〇五八六（二八）八七一四　⑥ＪＲ東海道線尾張一宮駅よりバス一五分　⑦ＨＰ㊒・無

児童がもっと学びたくなる授業の実践
――読解力を高める活動を通して――

各教科の教科書をすらすら読み、正しく読み取ることのできる児童を育成することで、もっと学びたくなる授業の実践を行う。第一に、全ての教科で教科書の音読を実施していく。各学年の実情等を考え、様々な音読方法を取り入れていく。第二に、日々の授業の中で、必要なスキル（本校独自の読解に必要な力）を養っていく。

このスキルとは、Ｌｅｖｅｌ．１読む力①文章の一つ一つを的確に読み取る「語彙の獲得」、Ｌｅｖｅｌ．２読む力②文章全体の構造を読み取る「語彙の理解」、Ｌｅｖｅｌ．３読解力：書き手の意図を読み取る「語彙の活用」ととらえている。それぞれの段階で各学年に実態に応じて十九種の手だてを行い、成果を検証していく。

〈近隣の教育・文化施設〉　一宮市には、一三八メートルの高さを誇る展望タワー「ツインアーチ１３８（いちさんはち）」があり、展望階からは濃尾平野と木曽川を一望することができる。

◇福井県鯖江市立待《たちまち》小学校

①富坂秀一　②二一（特三）　③五一八　④福井県鯖江市杉本町一―五　⑤〇七七八（五一）一五〇五　⑥ＪＲ鯖江駅から市バス一五分、福井鉄道神明駅からタクシー一〇分　⑦ＨＰ㊒・無

「主体的・対話的で深い学びをめざして」
――充実した言語活動をめざした授業づくり――

言語活動を充実させるために、次の四点を中心に研究を進めてきた。

①児童が伝え合うことに喜びを感じるような課題や発問の設定。

②学び合いによって、他者の考えを知ることに楽しみを見い出せるような実践。

③ＩＣＴの教材を活用し、基礎基本を定着させ、個々の学力差を小さくする。

④児童の自己有用感や学級への適応感を高めるためのポジティブ教育の推進を継続する。

〈近隣の教育・文化施設〉　鯖江市は国内の眼鏡枠生産シェアが九割近い。学校は近松門左衛門が生まれ少年時代を過ごした地域にあり、地域との連携上のポイントでもある。

◇京都府京都市立西京極西《にしきょうごくにし》小学校

①中下美華　②一二（特二）　③二五四　④京都府京都市右京区西京極藪開町四―一　⑤〇七五（三一五）一八四四　⑥阪急京都線西京極駅より徒歩一五分、京都市バス東側町バス停より徒歩三分　⑦ＨＰ㊒・無

豊かに感じ仲間と繋がり学びを深める子どもの育成
――自ら考え、伝え合う言語能力を育成する――

本校はこれまで長年、図画工作科の研究に取り組んできた。その研究の成果を各教科の指導に生かし、全ての教科等において子どもが自らの学びを深めるように「自分なりの考えをもち、伝え合う力」に焦点を当てた言語能力の育成を図る。授業研究を通して、子ども自身が感性を働かせ、言語能力を活用し、友人と関わり合いながら協働的に学習することを重視する。その際、関連単元配列表を活用してカリキュラム・マネジメントに努め、図画工作科を中心とした全ての教科指導の充実を図る。研究の取組の評価は、具体的な子どもの学びの姿をとらえて検証することとする。研究により、子どもが自分なりの意味や価値を見いだす創造性の育成を目指す。

〈近隣の教育・文化施設〉　京都市の南西部、桂離宮の近くに位置しており、西に「桂川」、東に「天神川」が流れている。校区西側には、「西京極総合運動公園」があり、地域の憩いの場となっている。

◇静岡県牧之原市立地頭方《じとうがた》小学校

①小柳津敏法　②八（特二）　③一八八　④静岡県牧之原市地頭方九八一　⑤〇五四八（五八）〇〇〇三　⑥ＪＲ東海道線藤枝駅よりバス相良本通下車、相良本通りからタクシー等で八分　⑦ＨＰ㊒・無

本が大好きな子どもたちが育つ学校を目指して
――まるごと学校図書館化計画――

地頭方小学校の教育宣言の一つ目にあげられている「人・本・体験から学ぶ」を具現化するために、「学校全体を図書館化しよう」という声掛けのもと、学校の至る所ですぐに手に取ることができるほどの本を用意。児童は休み時間の移動中においても簡単に手に取ることができる環境となっている。それらの膨大な本は、地域の各家庭で眠ったままにしていたものを提供していただけるよう呼び掛け、集まってきたものが多い。

地域・保護者・学校がワンチームになり、本が大好きな子どもたちが育つ学校を目指している。

〈近隣の教育・文化施設〉　オリザニン（ビタミンＢ１）を発見した鈴木梅太郎博士の母校。「鈴木梅太郎丼」を栄養教諭が考案し、給食や地域の飲食店で提供している。

◇滋賀県湖南市立三雲東《みくもひがし》小学校

①川嶋稔彦　②一六（特五）　③二八七　④滋賀県湖南市三雲三一〇〇　⑤〇七四八（七二）四六一六　⑥JR草津線三雲駅より徒歩二〇分、又は三雲駅よりタクシーで五分　⑦HP㊒・無

ABワンセット方式の単元計画の在り方

――児童の意欲向上につながる言語活動の設定――

滋賀県の「読み解く力」の視点を踏まえた校内研究では、主に単元計画や言語活動、付けたい力の明確化にポイントを絞って、研究を進めてきた。本研究においては、本校で今まで取組がなかったABワンセット方式の単元構成を研究した。教科書教材の読解で身に付けたスキルを、次時で並行読書で即活かすためにはどのような発問や指示が有効であるか、どのような点に児童が気付くことができればいいかということを研究した。また、本研究は、図書館司書をT2として活用することや図鑑作りを意識したワークシートを開発し使用することで、少しでも教科書教材と各自が選んだ図書資料の垣根を低くすることに有効であった。

〔近隣の教育・文化施設〕　湖南市は、「湖南三山（国宝：善水寺、常楽寺、長寿寺）」があり、歴史的観光資源が豊かである。また、天然記念物ウツクシマツ自生地があることでも有名である。

◇京都府宮津市立府中《ふちゅう》小学校

①垣中重規　②八（特二）　③七六　④京都府宮津市字中野四六八　⑤〇七七二（二七）〇〇二七　⑥京都丹後鉄道岩滝口駅よりバス一九分、又はタクシーで一〇分　⑦HP㊒・無

ことばの力を培い、豊かな心をはぐくむ図書館教育

――探究的な学習からの主体的な学びとつながり――

令和三年度から三年間、京都府小学校教育研究会の研究協力校として、図書館教育について研究を進めている。全ての教育活動において学校図書館を活用することで「ことばの力」を育成し、探究的な学習や言語活動の充実を図ることで、児童の思考力、判断力、表現力を高めるとともに、主体的に学び考える力を育成している。授業では、学習・情報センターとして学校図書館を意図的・計画的に活用し、言語活動を位置付けた単元構想や探究的な学びの学習過程を重視している。また、児童が読書に親しむための活動として「PTA・地域ボランティアの読み聞かせ」や家族との読書「家読（うちどく）」、「市立図書館との連携」に取り組んでいる。

〔近隣の教育・文化施設〕　日本三景「天橋立《あまのはしだて》」で知られる観光地である。校区内には丹後地方の歴史と文化を展示した「京都府立丹後郷土資料館」や「丹後国分寺跡」がある。

◇島根県津和野町立津和野《つわの》小学校

①渋谷秀文　②一〇（特四）　③一一三　④島根県鹿足郡津和野町森村ロ一〇四　⑤〇八五六（七二）〇一九三　⑥JR津和野駅より徒歩一五分　⑦HP㊒・無

子どもたちの読書習慣を高める学校図書館活用教育
――学校図書館を学校の中心にしていくために――

令和二年度から三年間、「学校図書館活用教育研究校」の指定を受けた。それまでは特別活動の研究をしており、学級会は上手になってきていたが、図書に親しんでいない、問題解決のために図書館を利用する児童が少ないという実態があった。そこで、①「図書委員会の創意工夫活動」として、「本の福袋キャンペーン」「図書館ビンゴキャンペーン」「本のつめほうだいキャンペーン」など児童のアイデアを生かした活動、②「教室や廊下などの読書環境の充実」としてアフォーダンス理論に基づき、子どもが思わず本を手にとってしまうような環境づくり、③「学校図書館活用授業実践の年一回の公開」を続けることで効果が出ている。

〈近隣の教育・文化施設〉　山陰の小京都といわれる津和野町。西周、森鷗外の生誕地であり、生家や記念館もある。国の重要無形文化財「鷺《さぎ》舞《まい》」は、ユネスコ無形文化遺産へも登録された。

◇鹿児島県指宿市立指宿《いぶすき》小学校

①狩集雅人　②一五（特四）　③二七二　④鹿児島県指宿市西方四六九二―一　⑤〇九九三（二五）二〇〇三　⑥JR宮ヶ浜駅より徒歩五分　⑦HP㊒・無

読書活動を通して、自己の成長に生かす児童の育成
――様々な表現活動を通して、表現力を磨き発信――

本校の強みは、児童の読書量であり、令和五年十一月十六日に、令和四・五年度鹿児島県教育委員会「読書指導」の研究公開を行った。

授業では、国語科の単元を貫く読書活動を目指し、教師によるブックトークや学校図書館事務職員による読み聞かせ、平行読書、ビブリオトーク、新聞・図鑑づくり、単元ごとの振り返りシートを実践し、学校生活では、読書タイム、読書日記、読書放送、読書標語、読書郵便、選書会、イブックリスト（必読本）など様々な活動を通して、表現力を磨いている。

読書は、「我が友・我が師」。今後も児童の身近な存在にしていきたい。

〈近隣の教育・文化施設〉　世界的有名な「天然砂むし温泉」、九州最大の湖「池田湖」、日本百名山「開聞岳《かいもんだけ》」、歴史的重要な「橋牟礼川遺跡《はしむれかわいせき》」や「天璋院篤姫《てんしょういんあつひめ》の史跡」等、環境に恵まれている。

◇北海道留萌市立東光《とうこう》小学校

①村井　亨　②一二（特五）　③二〇四　④北海道留萌市住之江町四―七三　⑤〇一六四（四二）一八二〇　⑥札幌市より都市間バス、留萌下車徒歩二〇分、又はタクシーで五分　⑦ＨＰ有・㊣

地域とともに取り組む安全教育の推進
――「東光小安全マップ」作成の取組を通して――

本校は、生涯を通じて安全な生活を送る基礎を培う資質・能力の向上を目指し、安全教育を推進している。

特に、本校独自の「危険段階別集団下校マニュアル」に基づき、春季と冬季の実践的な集団下校訓練や「交通安全街頭指導」を実施するなど、組織的・計画的な取組に大きな成果をあげている。また、子どもたちが主体的に参画した「東光小安全マップ」の作成及び定期的な見直しを行い、安全マップを活用した授業実践を広く公開するなど、地域の安全教育の充実・発展に貢献してきた。

これらの継続的な取組が評価され、昨年度、学校安全に関わる文部科学大臣表彰をいただいた。これを励みに、今後とも地域に根ざした安全教育を進めていきたい。

〈近隣の教育・文化施設〉　北海道北西部に位置する留萌市は、かずのこ生産日本一を誇る水産業の街であり、「黄金岬」に沈む夕日を求めて、多くの旅行者が訪れる観光の街でもある。

◇青森県むつ市立川内《かわうち》小学校

①祐川達也　②七（特一）　③七六　④青森県むつ市川内町休所五一―一　⑤〇一七五（四二）二二四一　⑥ＪＲ大湊線大湊駅よりＪＲバス四〇分、徒歩五分　⑦ＨＰ有・㊣

適切な資質・能力を育む防災教育に関する研究
――自他の安全を考え自ら実践する児童の育成――

発達段階に応じた防災教育モデルを確立し、広く普及させることを目的とした青森県による事業「命を守る！防災教育推進事業」の指定を受け、令和三年度から二年間防災教育に取り組んできた。主な研究内容は、①教科横断的な防災教育の実施②外部講師を活用した防災学習の実施③地域と連携した防災訓練の実施である。①は県から作成の指示があった指導要領及び年間指導計画を整備して実施、②は大学教授を招きワークショップ形式の学習を行った。③は地域の消防団や自主防災組織と連携し、津波浸水想定防災訓練を行ってきた。

昨年度から校内組織として「防災特別委員会」を設置し、「地域合同避難訓練」を年間一回実施していく予定である。

〈近隣の教育・文化施設〉　むつ市は下北ジオパークに認定された自然豊かな下北半島の中心部に位置し、半島の各地には恐山や仏ヶ浦、鯛島等多くのジオサイトが点在している。

◇東京都福生市立福生第五《ふっさだいご》小学校

①泉田巧人　②一二　③三〇九　④東京都福生市南田園一―二―二　⑤〇四二（五五二）〇二五六　⑥JR青梅線　拝島駅より徒歩一八分　⑦HP㊒・無

自他の生命を尊重し、安全に生活できる児童の育成
――三者が一体となった防災意識と実践力の向上――

本校は、災害安全を中心に安全教育を進めている。災害安全は、生活安全、交通安全からみて身近な災害ではないため、児童が危険を自分事としてとらえ「自分の命は自分で守る」行動ができるよう、日常の安全指導をとらえなおし、カリキュラム・マネジメントにより各教科や領域と関連付け安全学習を推進している。また、ICTの活用や協働的な学び、思考ツールの活用を重点におき授業改善を行っている。さらに、地域のコミュニティ・スクール委員や関係諸機関の専門家等と協働するとともに、家庭と連携を図りながら授業を展開している。児童が危険を予測し回避する能力、他者や社会の安全に貢献できる資質や能力を身に付けられるよう取り組んでいる。

〈近隣の教育・文化施設〉　近くに多摩川が流れ、野鳥がたくさん飛び交う自然豊かな環境である。市内の玉川上水は国指定文化財であり、新堀橋付近は緑豊かで新東京百景に指定されている。

◇徳島県鳴門市立黒崎《くろさき》小学校

①山口義明　②一〇（特四）　③一一五　④徳島県鳴門市撫養町黒崎字宮津八八―一　⑤〇八八（六八六）二二四三　⑥徳島バス北泊線、引田線黒崎小前より徒歩三分　⑦HP㊒・無

フェーズフリーの概念を基盤に据えた学校運営
――いつもともしもをつなげる教育活動――

「フェーズフリー」とは、被災前と被災後という「フェーズ」を取り払い（「フリー」）、日常と非常時をつなげて考えていこうとする概念である。本校では、被災前の教育活動の質を高め、子どもたちが身に付けた力が被災後にも役立つことを目指して、フェーズフリーの概念を基盤に据えた学校運営を進めている。

具体的には国語科（六年）で物語をつくる単元を「防災小説」（六学年）として書く力を育成しつつ防災に関する知識も高めたり、運動会の個人走に「ひなんだ！じぶんのいのちはじぶんでまもる！」を取り入れ、防災グッズを身に着ける力を高めたりしている。「いつも」の教育活動が「もしも」の時にもつながることを目指している。

〈近隣の教育・文化施設〉　鳴門市には、ベートーヴェンの「交響曲第九番」がアジアで最初に全楽章演奏された「板東俘虜収容所《ばんどうふりょしゅうようじょ》」を記念した鳴門市ドイツ館がある。

◇高知県土佐市立蓮池《はすいけ》小学校

①豊田益子　②一三（特三）　③二三二　④高知県土佐市蓮池一三四七―二　⑤〇八八（八五二）〇二四八　⑥とさでん交通バス蓮池公園前バス停より徒歩五分、又はＪＲいの駅よりタクシーで約一五分　⑦ＨＰ㊒・無

生き抜く力をはぐくむ安全教育の日常化
――凡事徹底・凡事一流――

本校は、令和三年度より「安全教育の日常化」を目指した実践研究に取り組んでいる。スローガンは「凡事徹底・凡事一流」。安全教育の全領域（災害安全・交通安全・防犯を含む生活安全）を網羅し、学習指導要領に記載された安全に関する内容をもとに、日々の教育課程に位置付け、各教科等の学びと連動させながら学校教育活動全体を通じて安全に関する資質・能力を育成することを目指して取り組んできた。さらに、令和五年度からは、より効果的な安全教育となるよう、各学年の目標を明確化し、教科等横断的な視点で指導計画を見直すとともに、「子どもたちが何を身に付け、何ができるようになったか」という検証方法について研究を進めている。

〈近隣の教育・文化施設〉　土佐市文化・教育の拠点として、図書館・演奏ホール等が一体となった複合文化施設「つなーで」がある。

◇千葉県大多喜《おおたき》町立大多喜小学校

①西川敏幸　②一一（特二）　③二二三　④千葉県夷隅郡大多喜町大多喜一二　⑤〇四七〇（八二）二八〇四　⑥いすみ鉄道大多喜駅より徒歩五分　⑦ＨＰ㊒・無

主体的に考え、表現する児童の育成
――言葉による見方・考え方を働かせた授業改善――

本校は、令和五年度、千葉県教育委員会から「ちばっ子の学び変革」推進事業の検証協力校として、二年間の研究指定を受けた。「全国学力・学習状況調査」の結果を基に課題分析を行い、研究目標を「国語科『読むこと』において授業改善を図り、主体的に考え、表現する児童を育成する」とした。具体的な方策として、①資質・能力の明確化、②「言葉による見方・考え方」の系統的な働かせ方、③「言葉による見方・考え方」を基にした振り返り、を視点として授業改善に取り組んでいる。令和五年度は、学力向上交流会（オンライン配信）で中間報告を行った。令和六年度は、学力向上交流会において、二年間の取組の成果を発表する予定である。

〈近隣の教育・文化施設〉　徳川四天王の一人である本多忠勝の居城、大多喜城の城下町としての風情が残る町である。養老川に沿った遊歩道を散策できる、養老渓谷もある。

◇神奈川県大和市立下福田《しもふくだ》小学校

①遠藤昌司　②一九（特三）　③五二四　④神奈川県大和市福田五七〇　⑤〇四六（二六九）一〇二一　⑥小田急江ノ島線高座渋谷駅より徒歩一〇分　⑦HP㊒・無

考えを深め、いきいきと表現できる児童の育成
――国語科における言語活動の充実――

令和二年度まで、本校では「学び合い・つながり」をキーワードに、児童が様々な人やものとつながることを大切にして研究を進めてきた。研究の成果は多く得られたが、一方で、自分の思いや考えを伝えることが苦手な児童が、うまく「つながり」をもてず、学習成果が上がらないなどの課題が挙げられた。そこで、令和三年度からは、国語科での特に「表現する」という学習活動場面で、豊かな表現活動に必要な『言語活動の充実』をテーマに設定し、研究を進めてきた。具体的には、話すための書く活動や、書くために読む活動を行うなど、様々な言語活動の実践を通して、自分の考えを根拠を示しながら、いきいきと表現できる児童の育成を図っている。

〈近隣の教育・文化施設〉　大和駅から徒歩三分のところに、図書館、芸術文化ホール、生涯学習センター、屋内こども広場を中心とした文化複合施設「大和市文化創造拠点シリウス」がある。

◇石川県金沢市立小立野《こだつの》小学校

①鶴岡美津代　②二一（特三）　③五五七　④石川県金沢市小立野四―七―七　⑤〇七六（二三二）一二八三　⑥金沢駅より北鉄バス「小立野三丁目」バス停より徒歩三分　⑦HP㊒・無

自ら考え、深め合う子を育む
――国語科を中心として――

本校は平成二十七年度より、国語科を中心にして学校研究を進めてきた。令和四年度からは金沢市教育委員会より金沢型学習スタイル実践推進事業小学校教科推進校国語科の指定を受け、更なる研究の推進を図っている。

今年度は、より児童が単元や本時の見通しをもって主体的に学び、関わり合う中で考えを深め合うことのできる授業を目指し、研究の重点を「付けたい力を明確にした主体的な学び」、「対話交流による深い学び」とし、児童が自身の目当てに沿って深い学びを実現できるよう実践を積み重ねている。その中で学年・学校全体での組織的な取組の充実やICTの交流場面等での活用について検討を重ね、教師の授業力の向上に努めている。

〈近隣の教育・文化施設〉　本校は金沢市小立野台地を校区とし、国立工芸館等の施設や寺院群、石川県立図書館や金沢美術工芸大学などの教育施設が集まる歴史・文化エリアとなっている。

◇大阪府藤井寺市立道明寺《どうみょうじ》小学校

①多田和彦　②二五（特七）　③五五六　④大阪府藤井寺市沢田三―六―三七　⑤〇七二（九三九）七一三五　⑥近鉄南大阪線土師ノ里駅より徒歩四分　⑦ＨＰ㊒・無

自分の思いを言葉で表現できる子どもの育成
――おしえてよ　おしえるよ　の姿を目指して――

本校は明治六年に開校し、創立百五十周年を迎える歴史ある学校である。「個性が伸びる学校」を学校教育目標に掲げ、目指す学校像を「つながりを大切に　毎日を特別に」として日々の教育活動を推進している。

大阪府教育庁の学力向上支援事業による、スクールエンパワメント加配教員の配置を受け、確かな学びをすすめる授業改善に取り組んでいる。全学年を通して言葉の力を系統的に育成する活動を仕組んでいる。具体的には、学校図書館を中核とした読書活動の充実として、「おはなしのとびら」の作成、「きもちを表す言葉の活用」「ようすを表す言葉の活用」を学年ごとに様々な場面設定を行い、子どもたちのアウトプットする力を育んでいる。

〈近隣の教育・文化施設〉　市野山古墳（允恭天皇恵我長野北陵《いんぎょうてんのうえがのながののきたのみささぎ》）、仲津山古墳（仲津姫命仲津山陵《なかつひめのみことなかつやまのみささぎ》）をはじめ、世界文化遺産「百舌鳥《もず》・古市古墳群」が広がっている。

◇奈良県宇陀市立菟田野《うたの》小学校

①谷　聡　②一〇（特四）　③一四六　④奈良県宇陀市菟田野古市場六七二　⑤〇七四五（八四）四七〇〇　⑥近鉄榛原駅よりバス二〇分　タクシーで一五分　⑦ＨＰ㊒・無

自分の思いや考えを広げる児童の育成
――読解力を育てるための学習活動の創造――

令和二年から読解力を育てる取組として、「読むこと」を中心に研究を進めてきた。令和三年度は主に説明的文章を扱った。しかし令和三年度学力診断テストからは文学的文章の読み取りに課題が見られたため、令和四年度は文学的文章を中心とした授業研究を行った。朝の帯時間を利用し、年間を通して読書タイム、百マス作文、俳句、川柳、基礎基本の定着に継続して取り組んだ。また、新たに全学年で日常的な辞書の活用に取り組んだ。また、図書室の環境改善に取り組み、読書カード等を活用した読書活動の充実を図った。その結果、令和四年度に行った学力診断テストでは、文学的文章の読み取りにおいて、一定の成果があった。

〈近隣の教育・文化施設〉　地域産業である、毛皮革工業団地がある。毛皮について全国シェア四五パーセント、鹿革は九五パーセントを誇る。

◇広島県広島市立本川《ほんかわ》小学校

①築地陽子　②一六（特三）　③三九八　④広島県広島市中区本川町一―五―三九　⑤〇八二（二三二）三四三一　⑥ＪＲ広島駅よりバスで一〇分徒歩二分　⑦ＨＰ㊒・無

互いを尊重し、自分の言葉で伝える子どもの育成
――子どもが主体的に伝え合う授業づくり――

爆心地に最も近い学校として、平和を希求する子どもの育成を基調とした教育活動を推進している。入学した時から系統的に被爆の実相を学ぶ平和学習と各教科の学習を関連付け、往還しながら指導することで、平和学習を深化させてきた。令和二年度からの四年間は、平和の大切さを自らの実感を通して、自らの言葉で語ることができる子どもの育成を目指すために、国語科を研究教科と設定した。国語科で付けた力を「生きた力」として、平和の大切さを発信する力にしたいと考えたのである。

令和五年度は、文学的な文章を読むことを通して、子どもが主体的に伝え合う授業について研究を進め、授業改善に取り組んだ。

〈近隣の教育・文化施設〉　校内にある平和資料館には、国内外から多くの見学者が訪れる。学校の東側には、「原爆ドーム」や「平和記念公園」があり、学校生活の中にヒロシマの風景がある。

◇長崎県時津町立時津《とぎつ》東《ひがし》小学校

①村井宏之　②二四（特六）　③五三六　④長崎県西彼杵郡時津町浜田郷一三三四　⑤〇九五（八八二）〇四四六　⑥ＪＲ長崎本線道ノ尾駅より長崎バスで一五分　浜田バス停下車　徒歩五分　⑦ＨＰ㊒・無

自ら「問い」をもち、学びを深める子どもの育成
――個と協働を往還する国語科学習を通して――

本校は令和元年度から「自ら学ぶ子どもの育成」を研究主題に、対話を通して「私の問い」の解決に向かう子どもを育てる指導方法の開発に取り組んできた。

令和五・六年度は長崎県教育委員会から研究指定を受け、これまでの研究をもとに、国語科における「個別最適な学び、協働的な学びの在り方」を求め研究を行っている。「学習者の問いを核とした単元構想」と「個と協働を往還し、学び合う一単位時間の学習過程」を研究の柱として、児童が主体となり、見方・考え方を働かせながら「問い」に向かい、他者や自分との対話を重ね、考えを共有することで、学びを深めることができる授業の実現を目指す。

令和六年十一月に研究発表会の開催を予定。

〈近隣の教育・文化施設〉　江戸時代に大名たちの休息所となった「茶屋（本陣）」、長崎街道の近道として多く利用された「時津街道」など、様々な歴史や文化を物語る史跡・名勝がある。

◇東京都中央区立日本橋《にほんばし》小学校

①児玉大祐　②一五　③四四〇　④東京都中央区日本橋人形町一―一―一七　⑤〇三（三六六八）二三六〇　⑥東京メトロ日比谷線　人形町駅より徒歩三分　⑦ＨＰ㊒・無

社会とつながり未来を創る子どもの育成
――主体的に問いを追究する学習を通して――

本校では、地域の特色を生かし、伝統と文化を大切にした教育活動を展開している。特に社会科研究では、児童が当事者意識をもって考え、主体的に関わろうとする態度を育成するには、身近な地域の社会的事象を教材として取り上げることが極めて効果的である。そこで、中央区や東京都、我が国についての理解を深めるため、象徴的な事例として地域教材を開発し、社会科の指導計画に位置付けた。また、児童が主体的に「問い」を追究していく手だてとして教材との「出合いの工夫」を行うことで児童の社会的事象の見方・考え方がより働くとして、文部科学省や東京都教育委員会から協力校・推進校の指定を受け、実践的な研究を行った。

〔近隣の教育・文化施設〕　三越本店や日本銀行など歴史ある建築物が立ち並ぶ、伝統と新しさが共存する地域である。また、江戸時代より五街道の起点として栄え、現在も賑わっている。

◇京都府亀岡市立亀岡《かめおか》小学校

①飛田　祥　②二二一（特八）　③四六七　④京都府亀岡市内丸町一五　⑤〇七七一（二二）〇一五五　⑥ＪＲ亀岡駅より徒歩一二分　⑦ＨＰ㊒・無

社会的事象を自分事と考え表現できる児童の育成
――相乗的な対話が生まれる学習集団の形成――

「子どもは子どもの中でこそ育つ」を教育理念とする本校は、二十年後の社会で活躍できる子どもを育てるために、社会科という教科の特徴を生かして、社会的事象を多角的にとらえ、それを自分事として考え、自分の言葉で表現できる児童の育成を図っている。こうした力は必ずや実生活で役に立ち、よりよい生き方を選択することにつながるものだと考える。

社会的事象が自分と関係があるものだととらえ、社会の課題に対し、解決を図り、よりよい社会にするために単元を貫く問いを自分たちで設定して「〜したい！」とワクワクする授業の展開を目指している。このような授業を通して暗記する社会科から脱却し、思考する社会科に取り組んでいる。

〔近隣の教育・文化施設〕　明智光秀築城の「丹波亀山城」の城下町の風情が残る。シンボリックな建造物のサンガスタジアムやガレリアかめおか、四季折々を味わえる保津川下りが有名。

◇香川県観音寺市立柞田《くにた》小学校

①小西　寛　②二二（特六）　③四三六　④香川県観音寺市柞田町乙一〇〇〇－一　⑤〇八七五（二五）三六二一　⑥JR予讃線観音寺駅よりタクシーで五分　⑦HP㊒・無

子どもが輝く学びの創造
――思考・表現する場を大切にした授業づくり――

若者の社会への参画意識や、政治への関心等の低さが顕著になりつつある今、子どもたちには「予測不能な未来」を生き抜く力が求められている。

そこで、小学生のうちに身に付けさせたい力として「主権者としての意識」「民主的に議論する力」「自らの学びを振り返り、次に生かす力」に着目した社会科研究を進めている。

積極的に社会に関わる契機となりうる教材を開発し、そこから生まれる切実な問いの解決に向けて、自らの考えをもち、自由闊達に議論する中で、視野を広げながら納得解を見いだし、授業の終末時の「振り返り」では、自らの学びをメタ認知する授業づくりを目指している。

〈近隣の教育・文化施設〉　江戸時代に一夜で作り上げたと言われ、一度見ると金運に恵まれると言われる「銭形砂絵」や、標高四〇〇メートルから市内を一望できる「天空の鳥居」がある。

◇岩手県奥州市立真城《しんじょう》小学校

①高橋秀和　②一〇（特三）　③二二二一　④岩手県奥州市水沢真城字高田四四－一　⑤〇一九七（二三）二九五九　⑥JR東北線水沢駅より徒歩三〇分、又は水沢駅よりタクシーで一〇分　⑦HP㊒・無

考えを伝え合い、学びを深める子どもの育成
――算数科と特別支援教育の実践を通して――

「考えを伝え合い、学びを深める」とは、算数科では、数学的表現を用いて、自分の考えを他者に伝えるなどによって、数学的な考え方が整理、洗練、深まること、特別支援教育では、人と関わりながら、自分のつまずきや難しさへの解決方法を探り、主体的に活動することととらえている。令和三年度に、奥州市教育委員会の研究指定を受け、三年間実践研究に取り組んだ。算数科では、ゴールを意識した授業構想と数学的活動の充実、特別支援教育では、自分の課題に主体的に向き合える目当ての設定と児童の実態に合わせた学習活動の設定を手だてとし、研究テーマの実現を図った。学びを深めるキーフレーズを共有し、子どもの主体性の育成を目指す。

〈近隣の教育・文化施設〉　奥州市は、ロサンゼルス・ドジャースに所属する大谷翔平選手が、小・中学校時代を過ごした地域である。大河ドラマの撮影地となる「えさし藤原の郷」がある。

◇山形県上山市立中川《なかがわ》小学校

①武田　裕　②八（特二）　③六八　④山形県上山市金谷字水神河原一一八九—二　⑤〇二三（六七九）二二三四　⑥ＪＲかみのやま温泉駅よりタクシーで一五分。　⑦ＨＰ有・無

自ら学ぼうとする子どもを求めて
——関わりの中で学びを深める算数の指導——

本校は十年間算数に特化した授業研究に取り組んでいる。特徴として①求答から探究に向かうジャンプの課題②変容を見逃さない教師の役割③一貫した指導体制の三つが挙げられる。

①は本時の課題にジャンプの課題（応用問題）を提示し、算数の苦手な子も、得意な子と関わりながら解決に向かう姿を求めている。事前研究会では全職員でジャンプの課題を検討している。

②について、研究授業をビデオ撮影し、教師の発問や個に当たるタイミングを分析して、子どもの変容からその妥当性を検証している。

③について、八年に渡り山形大学准教授の森田氏より指導を仰いでいる。確固たる教育観と一貫性のある助言は本校教員の大きな糧となっている。

〈近隣の教育・文化施設〉　上山市は、歴史ある温泉と歌人斎藤茂吉生誕の地である。また、東京オリンピックでポーランド陸上チームがキャンプした「蔵王坊平アスリートヴィレッジ」がある。

◇栃木県上三川町立本郷北《ほんごうきた》小学校

①平塚昭仁　②一〇（特二）　③二一九　④栃木県河内郡上三川町西汗一五八五　⑤〇二八五（五六）五〇七五　⑥関東バス「宇都宮—本郷台」本郷台下車徒歩一〇分　⑦ＨＰ有・無

子供たちが学びを創る授業の研究
——算数科の単元・授業デザインを通して——

「子供たちが学びを創る授業」とは、これまでの知識や経験をもとに、新しい学習内容や学習過程を子どもたちが主体となって創り上げる授業のことである。教師が主導になったり、逆に子どもたちだけに任せてしまったりしても、このような授業は実現できないことが予想される。そこで、子どもたち自身が新しい知識や過程を創り上げた達成感を味わえるような授業を実現するために、教師はどんな役割を担うべきなのかを検証しながら研究を進めてきた。具体策としては、授業デザインカード・単元デザインカードの活用、子どものメタ認知を重視した授業作り、教師の授業観を高めるための研修方法の工夫の三つの柱を立て実践を積み上げてきた。

〈近隣の教育・文化施設〉　上三川町は、ＯＲＩＧＡＭＩを世界に広めた吉澤章氏の出身地であることから「ＯＲＩＧＡＭＩのまち」として様々なイベントを行っている。

◇千葉県旭市立嚶鳴《おうめい》小学校

①佐藤久和　②一六（特四）　③三六六　④千葉県旭市高生三六一〇　⑤〇四七九（五五）二一六一　⑥JR総武本線飯岡駅より徒歩三〇分　⑦HP㊒・無

数学的に考える力を育てる算数科学習のあり方
――既習事項を活用する意識を高める指導の工夫――

令和六年度千葉県算数・数学教育研究大会東総大会の会場校として指定を受け、令和五年度より、数学的活動の充実を図り、自力解決や質の高い学び合いができる算数科指導のあり方について授業実践を通して明らかにしていくことに取り組んでいる。主な内容としては、「主体的・対話的で深い学び」の実現に向けた授業改善のために千葉県教育委員会が推奨している『「思考し、表現する力」を高める実践モデルプログラム』を活用した授業、GIGAスクール構想により整備された一人一台端末の算数科指導における効果的な活用を目指した授業について研修を進め、教員の算数科における授業力向上を図っている。

〈近隣の教育・文化施設〉　旭市に甚大な被害をもたらした東日本大震災の記憶を後世へと伝え、悲劇を繰り返さぬよう防災の知識を身に付けていただくために開館した防災資料館がある。

◇新潟県上越市立大瀁《おおぶけ》小学校

①水越　厚　②九（特二）　③一八四　④新潟県上越市頸城区百間町一一三四　⑤〇二五（五三〇）二〇一八　⑥JR北越急行ほくほく線くびき駅からタクシーで六分　⑦HP㊒・無

子どもが生き生きと学ぶ授業づくり
――単元づくり・学びの環境づくり・研究づくり――

「上から下」への一方向の授業づくりを見直し、「児童が前のめりになって学び、課題解決に没頭する姿」を生き生き学ぶ子どもの姿ととらえ、「下から上」への授業概念の転換を図る。そして、既存の単元展開を問い直し、子どもの生活や子どもとの営みを重視した単元づくりを工夫し、「子ども発、子ども着の学び」となるような環境づくり（課題提示・対話の方法・表現方法など）を工夫した実践を積み重ねる。

校内研究授業以外に「授業改善タイム」を設けて、互いに授業参観できる機会を増やし、日常的な授業改善と振り返りを行う。座談会やリフレクションの中で、生き生きと学ぶ姿に着眼した対話をし、教師の主体性を高めた研究づくりをする。

〈近隣の教育・文化施設〉　上越市はスキー発祥の地。平野部・山間部・海岸部と変化に富んだ地形と自然を有し、「日本三大夜桜」の一つ高田城址公園の夜桜も有名である。

◇兵庫県佐用町立上月《こうづき》小学校

①篠原弘充　②八（特二）　③一三二　④兵庫県佐用郡佐用町上月八六一　⑤〇七九〇（八六）〇〇二九　⑥ＪＲ姫新線上月駅より徒歩一〇分　⑦ＨＰ㊒・無

集団としての高まりを目指す算数授業の創造
――学び合う楽しさ、分かる喜び――

本校は、学校教育目標「夢や希望をもち未来を切り拓く上月っ子の育成」の具現化に向けて、地域とのつながりを大切にしながら児童の育成に努めている。

算数科の研究では「上月小算数スタンダード」を作成し指導に当たるとともに、平成二十九年から平成三十一年まで兵庫県の「ひょうごつまずきポイント指導事例集」の活用研究を行ってきた。令和七年度の兵庫県中西播地区算数教育研究会の発表校となり、研究テーマのもと、取組を進めている。児童が友達と対話しながら学び合うことで楽しみを感じる経験を積み、算数学習への意欲付けへとつなげる。そのためのペア学習やグループ学習の効果的な活用方法の研修を進めている。

〈近隣の教育・文化施設〉　校区には、公開望遠鏡として口径二メートルと世界最大級を誇る「なゆた望遠鏡」を有する西はりま天文台がある。ＪＲ佐用駅より車で十五分ほどである。

◇島根県出雲市立大津《おおつ》小学校

①塚田英樹　②二七（特五）　③六五七　④島根県出雲市大津町三七〇一一　⑤〇八五三（二一）〇一八一　⑥ＪＲ出雲市駅より徒歩二五分、又はタクシーで七分　⑦ＨＰ㊒・無

問いをもち仲間と共に探求し続ける子どもの育成
――子どもの声をつなぐ授業づくりを通して――

本校は令和四年度より島根県教育委員会が推進する「しまねの学力育成プロジェクト」の指定を受けており、本年度が三年目となる。令和四年度は、これまでの研究を発展させる形で算数を研究教科として取り組んできた。令和五年度は、学力育成という観点から授業研究に加えて家庭学習、基盤としての集団作りにも力を注いだ。授業では、既習事項を生かして問いをもち、解決の見通しをもたせるところまでは授業の中で実現できるようになってきている。今後は一時間の中で深い学びにつながるようにどのように問いを連続してもたせていくのか。また、探求が連続し次時の授業や家庭学習につながるように研究を現在進めているところである。

〈近隣の教育・文化施設〉　本校が所在する出雲市には、縁結びで有名な出雲大社がある。旧暦の十月は全国八百万の神々が出雲大社に集まることから当地では、「神在月《かみありづき》」と呼ばれている。

◇香川県高松市立栗林《りつりん》小学校

①溝内哲也　②四一（特七）　③一五九　④香川県高松市栗林町二―一〇―七　⑤〇八七（八六一）三四三八　⑥ことでん琴平線栗林公園駅より徒歩五分、又はＪＲ高徳線栗林駅より徒歩五分　⑦ＨＰ㊒・無

自ら考え　共に認め合い　高め合う子どもの育成
――多様な他者との協働的な学びを通して――

「多様性」は、たくさんの意見を出すことではなく、これまでと違った新たな見方・考え方に気付くという意味での「多様性」であるととらえている。同じ解法であったとしても、自分とは違う新しい見方・考え方に気付くことで、多様な他者を認識できると考えている。

　多様な考えを引き出す学習過程はどのようなものか、一つの考えでも多様な見方をしている他者を認める支援は何が考えられるか、という視点で研究を深めている。

　協働的な学びでは、なぜその交流形態を用いるのか、その意図を明確にして授業づくりに取り組むとともに、多様な他者と共に問題の発見や解決に挑む授業展開などより深い思考につながるように工夫している。

〈近隣の教育・文化施設〉　国の特別名勝、ミシュランガイドに三つ星指定される「栗林公園」は、総合的な学習のフィールド。地域住民にとっても身近な公園として親しまれている。

◇千葉県八千代市立村上東《むらかみひがし》小学校

①池浦一寛　②二一（特三）　③五七五　④千葉県八千代市村上一一一三―一　⑤〇四七（四八二）〇九三一　⑥東葉高速鉄道村上駅より徒歩五分　⑦ＨＰ㊒・無

自ら問題を探究する児童の育成
――豊かな感性を育み理性につなげる教育の推進――

　本校は昭和五十九年より一貫して学校教育の柱に理科を据え研究に取り組んでいる。「自ら問題を探究する力」を育成すべき資質・能力と位置付け、問題を解決するために身に付けなければならない「思考力、判断力、表現力等」を核とした生活科及び理科の授業改善に各学年の段階に応じて取り組んでいる。その際に「育てたい子供の姿」として、生活科では「自立し、生活を豊かにしていく子」、理科では「主体的に、科学的に問題解決する子」として、「学びの場の整備（学習環境の整備）」「学習指導・手立て」について研究を進めている。昭和六十一年度からは八千代市教育委員会より理科センターの指定を受け、理科学習の基盤整備に取り組んでいる。

〈近隣の教育・文化施設〉　様々な資料を現代から過去へと遡る「倒叙法」という手法で展示している「八千代市立郷土博物館」が近隣にある。

◇新潟県新潟市立新通《しんどおり》つばさ小学校

①小林由希恵　②一六（特三）　③三九五　④新潟県新潟市西区大野一三七　⑤〇二五（二〇一）七一七二　⑥新潟大学前駅より徒歩一〇分　⑦ＨＰ㊒・無

本気の問題解決を引き出す理科指導
――科学的概念の獲得を目指した実践の蓄積――

科学的な概念の獲得のために、コミュニケーション場面の位置付け、生活経験や既有の知識の活用を促す手だてを構想してきた。その中で、三つの手だての有効性を明らかにした。

㈠観察・実験後に結果について考えを交流する「かかわりタイム」と、それを基に一人一人が考察する「じっくりタイム」を設定する。

㈡子どもの思考に沿った、考えの根拠につなげる複数の実験をさせる。

㈢日常生活と理科の学習を関連付ける単元構成を工夫する。

これらの手だてによって、日常生活や既習事項、観察・実験、友達との関わりなどで得た情報の中から、必要な情報を選択し、複数の根拠を基にして、自然事象への理解を深める子どもの姿が見られた。

〈近隣の教育・文化施設〉　新潟市西区は、信濃川以西の日本海に面した砂丘地帯にある。新潟県が誇るブランド茶豆「くろさき茶豆」やラムサール条約に登録されている「佐潟」が有名。

◇京都府京田辺市立田辺《たなべ》東《ひがし》小学校

①山口美智俊　②九（特三）　③一七一　④京都府京田辺市東西ノ口六〇―二　⑤〇七七四（六二）四三四八　⑥近畿日本鉄道京都線新田辺駅より徒歩一〇分　ＪＲ学研都市線京田辺駅より徒歩二〇分　⑦ＨＰ㊒・無

主体的に問題解決に取り組む児童の育成
――わかる、つながる理科授業づくりを通して――

「主体的に問題解決に取り組む児童の育成」をどう実現するか、理科の研究を通して、その成果を全ての教科・領域に広げていくことを目指している。特にＩＣＴを活用しながら、「学びのつながり」を焦点化し、単元・教科のつながりや仲間との協働・思考のつながりを大切にしている。

「学習の問い」を自己の生活とつなげて考えることで問いが自分事となり、「学習の問い」を仲間とつながり協働し解決することで自分にはなかった新たな視点が生まれる。そして、「わかった・できた」という体験が次の学習への意欲につながる学習の循環を構築する。また、研究を通して、教職員が挑戦することで、子どもと共に成長できる教員の育成を図る。

〈近隣の教育・文化施設〉　京田辺市との協定締結大学で、教育・文化・スポーツなど幅広い分野で京田辺市内の小中学校と連携している同志社大学・同志社女子大学がある。

◇大分県佐伯市立切畑《きりはた》小学校

①八木章雅　②七（特一）　③八五　④大分県佐伯市弥生大字門田一三二八　⑤〇九七二（四六）〇〇三二　⑥JR佐伯駅よりタクシーで一五分　⑦HP㊒・無

科学的な問題解決の力を育む理科学習
——見通しをもって問題解決ができる児童の育成——

佐伯市教育委員会の事業で「科学教育」の指定を受け、昨年度から理科を中心とした研究を行っている。本市の課題として、理科の学力不振がある。特に、科学的な問題解決力をどう育てるかについて理科の授業改善を通して、だれもができる方策を見つけていこうと取り組んでいる。まず取り組んだことは、理科の授業の基本を知ることである。市教育委員会や県の理科教育研究会から講師を招いて、「理科学習のすすめかた」について教師自身が学んできた。現在は、問題解決の過程をしっかりと踏むことの大切さ、その過程の中で科学的な見方・考え方を働かせ見通しをもって問題解決をさせることの大切さを意識しながら、授業実践を行っている。

〔近隣の教育・文化施設〕　佐伯市は毛利藩の城下町として発展し、武家屋敷の風情が残る山際通りには、国木田独歩《くにきだどっぽ》が英語教師として赴任した際の下宿が残され、独歩館として見学ができる。

◇群馬県前橋市立元総社北《もとそうじゃきた》小学校

①藤本　修　②一五（特三）　③三一二　④群馬県前橋市総社町総社三一四九　⑤〇二七（二五三）〇〇二六　⑥JR両毛線前橋駅より車二〇分　⑦HP㊒・無

造形的な見方を生かし主体的に取り組む児童の育成
——イメージや自己決定を促す手だての工夫とは——

本校では、令和五・六年度に前橋市の教科別研究で図画工作科の指定を受けている。主体的に学習に取り組むことができる児童を育成するために、材料や作品の「色・形・大きさ・材質など」を大切にしながら、自分の作品へのイメージを広げたり、自己決定したりできるように、様々な手だてを取り入れることにした。また、創作途中においても変更や、工夫を加えられるように調整する力も育てていく。様々な手だてとして、導入の在り方・作品との出会わせ方・教材キットの使い方・鑑賞の場及び意見や作品交流の場の設定・材料を試す場の工夫・ICT機器の活用・発問の仕方・児童への声掛けの仕方など、広くとらえて研究している。

〔近隣の教育・文化施設〕　市内にある前橋市児童文化センターは、子どもたちの科学や文化芸術への理解と関心を高め、心身の健全な育成を図るために設置された市教育委員会管轄の施設である。

◇鳥取県琴浦町立浦安《うらやす》小学校

①齋尾二美世　②一四（特五）　③二一四　④鳥取県東伯郡琴浦町大字下伊勢五〇四―一　⑤〇八五八（五二）二四〇四　⑥ＪＲ山陰本線浦安駅より徒歩二二分、又はバスで一二分　⑦ＨＰ㊒・無

学びの楽しさを実感し、熱中して取り組む子の育成
――自己表現の楽しさを感じる図画工作科――

本校は、図画工作科を研究の中心に据え、自己表現の楽しさ（感動）を実感し、熱中して取り組む子どもの育成を目指した研究実践を進めている。学習過程の中で、「発想や構想」「技能」「鑑賞」を相互に関連させた活動を展開することによって、形や色などから新たなことを思いついて試す、他者との交流を通して思ったことを基に表現を工夫する、イメージに近づけるために表現方法を工夫するなど、自分で選んで決めて創りだしたという喜びを味わわせることにより、子どもたちがより主体的に学習に取り組むようになると考える。

鳥取県立博物館と連携し、「県立美術館」実現プロジェクト事業に係るバス招待等にも参加。令和六年研究発表予定。

〈近隣の教育・文化施設〉　東伯耆《ひがしほうき》の中心であった倉吉から八橋を結ぶ街道「八橋往来《やばせおうらい》」がある。街道周辺に、木像随身立像《もくぞうずいしんりゅうぞう》が置かれている方見神社や国指定特別史跡「斎尾廃寺跡《さいのおはいじあと》」がある。

◇埼玉県春日部市立宮川《みやかわ》小学校

①中川貴子　②八（特二）　③一六六　④埼玉県春日部市新方袋一〇九〇　⑤〇四八（七五四）七六〇〇　⑥東武アーバンパークライン豊春駅より徒歩一五分　⑦ＨＰ㊒・無

運動好きな児童の育成
――楽しさや喜びを味わうことができる体育授業――

「体力は人間の活動の源」である。しかしながら、本校の児童は新体力テストの総合評価結果から、体力が低い傾向にあることが明らかとなった。また、児童の意識調査から、運動やスポーツが大切だと考えている児童が多くいる一方、運動やスポーツに苦手意識のある児童が少なくないことが分かった。教師の意識調査においても、体育の授業に対して自信をもって行える教師は少数であった。そこで、教師の体育授業の質を高め、児童がより楽しいと感じることのできる授業を展開し、運動好きな児童を育成することに取り組んでいく。体育科の授業はもちろんのこと、児童が能動的に取り組めるような運動の機会を創出し、児童の体力を向上させていく。

〈近隣の教育・文化施設〉　伊勢物語に登場する在原業平が歌った都鳥の歌（「古今和歌集」掲載）の地は、春日部市を流れる古隅田川と言われてる。春日部八幡神社には、その石碑がある。

◇千葉県千葉市立小中台《こなかだい》小学校

①佐藤典子　②三二（特二）　③九九三　④千葉県千葉市稲毛区小仲台六―三四―一　⑤〇四三（二五一）三三一五　⑥ＪＲ総武線稲毛駅より徒歩六分　⑦ＨＰ㊒・無

主体的に学ぶ児童の育成
――共に学び、楽しさを味わう体育学習――

千葉市教育委員会より、令和四・五年度に体育指導に関する研究指定を受け、実践を重ねてきた。豊かなスポーツライフの実現に向け、小学校期にまず求められる役割は、運動好きな子どもを育てることにあると考えている。様々な運動と出会う小学校時代に、仲間と共に楽しく運動した経験こそが、生涯にわたって何らかの形で運動と関わりながら生きていく基盤になるものと考える。そこで私たちは、運動の機能的な特性を軸とした授業づくりを行うため、視点を「①運動のもつ楽しさを味わわせるための工夫」「②関わり合いの工夫」として設定し、そこに具体的な手だてを講じながら実践研究に取り組んできた。

〈近隣の教育・文化施設〉　富士山本宮浅間大社の御分霊を奉斎した「稲毛浅間神社」や、日本で初めて造られた人工海浜である「いなげの浜」などがある。

◇新潟県十日町市立十日町《とおかまち》小学校

①松澤ゆりか　②一四（特二）　③二四六　④新潟県十日町市学校町一―六一四―三二　⑤〇二五（七五二）三五二五　⑥ＪＲ飯山線十日町駅より徒歩二〇分　⑦ＨＰ㊒・無

「みんなの言葉」でつながる子ども
――いま・ここの子どもたちとつくる体育科学習――

子どもが協働的な学びを進める際に用いる言葉を「みんなの言葉」と定義し、それを媒体として体育科の学びをつくることを追究した。体育科授業を「動きづくり（個人的運動）」と「関係づくり（集団的運動）」ととらえ、個人差はあっても、多様な関わり方を保障することにより、それぞれが学びを深め運動の楽しさを見付ける授業を目指した。

「関係づくり」では、ゲームのルールを「みんなの言葉」からつくり上げることにより、意欲と技能の向上が図れた。「動きづくり」においても、相互の動画撮影や助言等により、「関係づくり」を生かした個の技能向上や思考の深化が図れた。

本校で掲げる「共生」の理念を具現化する研究となった。

〈近隣の教育・文化施設〉　十日町市と隣の津南町は「大地の芸術祭」の里として知られる。自然や古民家等を生かした作品が展示される。十日町情報館は蔵書数とデザインが秀逸である。

◇静岡県静岡市立横内《よこうち》小学校

①山崎元靖　②二四（特四）　③六二七　④静岡県静岡市葵区緑町一―一　⑤〇五四（二四五）四六九五　⑥ＪＲ「静岡駅」より徒歩三〇分、又は静岡鉄道「新静岡駅」より徒歩二〇分　⑦ＨＰ有・無

自ら学び、追究する子
――できた・わかったを実感できる授業づくり――

本校は昭和四十一年度より体育科を中心とした研究を続けており、令和七年度で五十八年目、第二十二次の研究発表会となる。日本体育大学の白旗和也先生の御指導を受けながら、「体つくり運動」「器械運動」を窓口として、研究を進めている。①「解決したい課題を明確にし、見通しをもつ」②「必要感のある対話を通して、課題解決する」③「成果や課題を明確にし、次につなげる」を三つの柱として「子供が課題を明確につかみ、対話を通して課題解決し『できた』『わかった』を実感することができれば、自ら学び追究する子になるだろう」という仮説の実証研究を行っている。また、授業や研修をより効果的に行うためのＩＣＴ活用にも力を入れている。

〈近隣の教育・文化施設〉　静岡市の中心地。駿府城址の東に位置し、学区には、江戸時代に貨幣の鋳造地だった銭座町、家康公がお茶の水に使用した井戸や、ゆかりある来迎院が残っている。

◇奈良県三郷町立三郷北《さんごうきた》小学校

①片山登志男　②三四（特一一）　③六七四　④奈良県生駒郡三郷町美松ヶ丘西二―一―一　⑤〇七四五（三二）五五七七　⑥近鉄生駒線勢野北口駅より徒歩一五分　⑦ＨＰ有・無

かかわろう　つながろう　ともに生きよう
――「はじける・つながる・輝く」体育学習――

ここ数年のコロナ禍で、以前よりも増して子どもたちの体力は低下している。体力向上に関するアンケートの結果から、スポーツ愛好度が高い児童ほど体力があることが分かっている。このことから、運動が得意な子どもだけではなく、運動が苦手で消極的な子どもを含む全ての子どもたちが、楽しく運動に取り組むことができる体育学習を創造することが重要である。

全ての子どもたちがはじけて運動に取り組み、つながりを深めながら、大きな輝く集団になっていくことを目指して、「わかる」「できる」「関わり合う」指導法の研究を進めている。

〈近隣の教育・文化施設〉　三郷町は、「龍田大社」をはじめ多くの寺社仏閣があり、歴史ある街として知られている。Ｊ三サッカークラブ「奈良クラブ」練習拠点「ナラディーア」がある。

◇愛媛県松山市立北条《ほうじょう》小学校

①毛利直史　②一六（特三）　③四一三　④愛媛県松山市北条辻六四　⑤〇八九（九九三）〇〇六六　⑥JR予讃線北条駅より徒歩八分　⑦HP㊒・無

子供がつなぐ　愛顔あふれる学びの創造
――「分かる・できる」喜びを味わう体育科学習――

「子供がつなぐ学び」とは、子ども自身が教材の価値に気付き、課題を設定し、夢中になって活動して「教材とつながる」とともに、対話しながら課題と向き合うことで「仲間とつながる」学びである。また、子どもは学びを振り返って成長を自覚し、主体的に「自分とつながる」ことで、身に付けた資質・能力を生かそうとする意欲を高める。そのような学びの場では、明るく前向きな気持ちが結集した「愛顔」があふれる。

本校では、体育科においてそれらを具現化するため、運動が苦手な子どもにも「やさしい体育授業」を目指し、楽しさやできた満足感を味わわせる授業改善を行うとともに、領域の系統性を考慮し、カリキュラムの工夫改善に取り組んでいる。

〈近隣の教育・文化施設〉　近隣には中学校、高校の他、パイプオルガンを備えたホールをもつ「聖カタリナ大学」がある。また周辺には「文化の森公園」や「北条スポーツセンター」がある。

◇熊本県御船町立木倉《きのくら》小学校

①坂本政司　②九（特三）　③一七五　④熊本県上益城郡御船町大字木倉九五四　⑤〇九六（二八二）〇〇七六　⑥高速御船インターから、車で一〇分　⑦HP㊒・無

全ての児童が運動の楽しさや喜びを味わう体育学習
――仲間と共に伸びる楽しさを目指して――

平成元年「体力つくり推進校」（文部省）、平成九・十年には熊本県教育委員会等の指定を受け三十年以上体育の研究を進めている。「確かな学力」「豊かな心」の育成にはそのベースとなる「健康・体力」の育成は欠かすことのできないものであり、体育学習では、知識・技能の習得のみならず、学習過程の工夫により思考力・判断力・表現力等の育成はもとより、ルール作りや約束を守ること等の学びに向かう力・人間性等を身に付けることができると考え、継続した取組を進めてきた。近年は児童自らが課題をもち、その課題解決のために仲間と学び合い、体を動かすことを通して運動することの楽しさや喜びを味わわせていくことを中心に研究を進めている。

〈近隣の教育・文化施設〉　御船町の中心に近い場所に位置している。自然豊かで、学校に対する地域の絶大なる支援を得ながら児童は学校生活を送っている。

◇熊本県菊池市立花房《はなぶさ》小学校

①久保郁夫　②七（特一）　③六〇　④熊本県菊池市出田二五一六　⑤〇九六八（二五）二三八六　⑥JR鹿児島本線熊本駅よりバス六〇分、又はJR豊肥本線肥後大津駅よりタクシーで二五分
⑦HP㊒・無

進んで運動に取り組み、体を鍛える児童の育成
——協働的な活動を重視した学習活動を通して——

本校は、創立百四十三年の歴史ある学校で、六十年近く体育の研究を継続して行っている。地域からも「体育の花房」と呼ばれ、児童も自覚している。

本校には、目覚ましマラソン、独自で創作した花房三体操等、伝統的な朝活動があり、全児童で取り組んでいる。教科体育の研究にも力を入れており、毎年のように研究指定や自主発表等で研究発表を行ってきた。平成二十七・二十八年には国立教育政策研究所の研究指定も受けている。

近年は、体育において対話を通しての協働的な活動を重視した学習活動の研究を行い、他教科にもその成果を広げている。児童が主体的に生き生きと運動や学習に取り組み、体力・学力ともに充実している。

〈近隣の教育・文化施設〉　菊池市は、平安時代より四百五十年間活躍した「菊池一族」にゆかりのある菊池神社や十八外城等の史跡、身を切るような清流の菊池渓谷等、歴史と自然が満載。

◇山形県大石田町立大石田《おおいしだ》南《みなみ》小学校

①鈴木郁子　②六　③六三　④山形県北村山郡大石田町大字田沢一五四四―三　⑤〇二三七（三五）五一四七　⑥山形新幹線大石田駅よりタクシーで一一分。⑦HP有・㊮

くらしとまなびを自ら創る子どもの育成
——特別活動を通して——

本校は、平成二十三年四月に横山・田沢の二つの小学校が統合し、田沢の地に創設された小学校である。その二年後にコミュニティ・スクールとなり、「心豊かでたくましく未来を創る子どもの育成」を学校教育目標に、地域とともに歩む教育活動を推進している。

令和三年度より本テーマで研究に取り組み、令和五年度に町教委の委嘱を受けた。自ら課題をとらえ、よりよい生活を目指して自分事として話し合い、友達と共に実践し振り返る学級活動の授業づくりを通して、子どもの自尊感情の高まりを促してきた。また、学校教育全体を学びの場としてとらえ、子どもの手による学校行事づくりに取り組んでいる。

令和六年度中に授業公開予定である。

〈近隣の教育・文化施設〉　学区内黒瀧地区の向川寺の大銀杏は町の天然記念物に指定されている。歌人齋藤茂吉が終戦後二年間過ごした二藤部家の元離れ「聴禽書屋《ちょうきんしょおく》」まで車で約十分。

◇和歌山県湯浅町立田栖川《たすかわ》小学校

①梅本　啓　②六（特二）　③三九　④和歌山県有田郡湯浅町栖原一三八四　⑤〇七三七（六二）二二七〇　⑥ＪＲきのくに線湯浅駅より徒歩三〇分、又はタクシーで七分　⑦ＨＰ㊒・無

自分の生き方について深く考えられる児童の育成
――つながりを重視した特別活動の研究を通して――

本校は、分校を含む全学年が複式学級中心である。そのため、担任の孤立化防止や教員間の連携をより強化するため、教員を二組にチーム化して日々の取組等について相談し合える体制をつくっている。また、児童とより多くの教員が関われるように、一部の教科を隣接した学年の担任が入れ替わって指導したり合同で指導したりしている。この体制を土台として、令和四年度から、「お互いのよさを認め合い、これからの社会を生き抜くための力を育てる特別活動」を研究主題に設定した。多様で豊かなつながりの中で、折り合いを付けながら話し合う力の育成や、主体的に話し合い、決定していくことによる自己肯定感の向上を目指して研究に取り組んでいる。

〈近隣の教育・文化施設〉　町内には伝統的な町並みが残り、国の重要伝統的建造物群保存地区に選定された区域がある。平成二十九年四月、醤油醸造発祥の地として日本遺産に認定されている。

◇熊本県熊本市立大江《おおえ》小学校

①松永裕子　②二六（特四）　③六八八　④熊本県熊本市中央区大江三―五―三一　⑤〇九六（三六六）八九四七　⑥ＪＲ豊肥本線水前寺駅より徒歩一〇分、又はタクシーで四分　⑦ＨＰ㊒・無

心豊かに未来を切り拓く子どもの育成
――学習過程「かんぱい」の授業づくりを通して――

本校は、特別活動と道徳科を中心に据えた道徳教育に取り組んで十五年になる。教育活動全体を通じて道徳教育を行う上でのキーワードとして、「四つの心」（自分をのばす・人となかよく・みんなのために・命を感じる）を設定、アイコン化して、学びを深めるためのツールとして活用している。さらに、これまでの研究を整理し、学習過程「かんぱい」を構想した。〝考えたい〟と思えるような手だての工夫の「かん」、〝話そう、話し合おう〟それもまるい心での「ぱ」、これからに〝いかそう〟とするための工夫の「い」の頭文字からの言葉である。「かんぱい」の視点を全職員が共有し、「心豊かに未来を切り拓く子ども」を目指して研究実践していく。

〈近隣の教育・文化施設〉　徳富《とくとみ》蘇峰《そほう》・蘆花《ろか》兄弟が青年期まで過ごした旧邸や著書・遺品などを展示した徳富記念園が本校区にある。この庭にあるカタルパの木は、五月に真白い花で覆われる。

◇埼玉県熊谷市立江南北《こうなんきた》小学校

①田中光夫　②九（特二）　③一九九　④埼玉県熊谷市三本三五九　⑤〇四八（五三六）一三八九　⑥ＪＲ高崎線熊谷駅より車で一四分、又は東武東上線森林公園駅より車で二二分　⑦ＨＰ㊒・無

自己の生き方についての考えを深める児童の育成
――語る・論じ合う授業実践を通して――

本校は、埼玉県北部にある熊谷市南西部の荒川南岸の緑豊かな田園地帯に位置する、令和五年三月に創立百五十周年を迎えた歴史ある学校である。地域の篤いご支援の下、職員一丸となって、「子どもを伸ばす、教師が生きる、地域に根差す学校」を目指している。

本校は国と県から、令和五・六年度の二か年にわたる道徳科の研究委嘱を受けた。児童が自他の思いや考えと向き合い、それらをより多面的に多角的に膨らませ、教材の内容を自分の心に落とし込むことができる場を導入したり、児童が自身の思いや考えを「見える化」し、惑いなく学習を進め、常時道徳性にふれることができる環境を整備したりする取組を推進している。

〈近隣の教育・文化施設〉　妻沼聖天山の本殿「歓喜院聖天堂」は、一七六〇年に再建された日光東照宮を彷彿させる本格的装飾建築であり、その精巧さゆえに国宝に指定されている。

◇山梨県甲州市立東雲《しののめ》小学校

①山田　浩　②八（特二）　③一二四　④山梨県甲州市勝沼町休息一五六〇―一　⑤〇五五三（四四）〇〇七七　⑥ＪＲ中央線塩山駅より徒歩四〇分、又はタクシーで一〇分　⑦ＨＰ㊒・無

自ら考え、よりよく生きる心豊かな児童の育成
――伝え合い、対話の中で考えを深める道徳――

令和四年度より三年間の道徳教育推進校の指定を受けた。「伝え合う」ことに重点を置き、自他を知り、自己の生き方を深める道徳の授業を通して、「自ら考え、よりよく生きようとする心豊かな児童」の姿を育んでいきたいと考える。友達と「対話」することで自分のよさや課題に気付き、自分の心と向き合い真剣に考える「自己を見つめる児童」を目指している。

そのための具体策として「考え、議論する」「自己の成長に気付く」の二つを研究の柱とし、多様な考えを深める発問や交流の場設定、自分事として考える工夫と手だてを研究し授業の中で実践している。また、児童会活動や地域との関わり等、学校教育全体での道徳教育の推進も図っていく。

〈近隣の教育・文化施設〉　甲州市勝沼町はぶどうとワインの生産量が日本一の果樹地帯で、世界農業遺産にも指定されている。甲州の鎌倉と称され、武田信玄の菩提寺である恵林寺がある。

◇三重県鈴鹿市立栄《さかえ》小学校

①山中　勝　②一二（特三）　③一六二　④三重県鈴鹿市五祝町一八四五―二　⑤〇五九（三八六）〇四六二　⑥近鉄名古屋線磯山駅より徒歩二一分　⑦ＨＰ㊒・無

学校生活の中で人との関わりを通して育む豊かな心
――外部講師招聘と異学年交流の取組――

本校では、学校における様々な活動や人との交流を通じて「豊かな心を育む道徳教育の推進」を行い、子どもたちの育ちを高めている。特に人との交流を重視するため、外部講師招聘と異学年交流に積極的に取り組んでいる。外部講師招聘では、鈴鹿市の事業である「すずか夢工房・達人に学ぶ」や体育協会、地域団体等を活用し専門家・社会人を招き、授業での活用を図った。

また、異学年交流では、子どもたちが「教え・教えられ、ともに成長する」ことを目指し、縦割班活動や地区別児童会、児童会活動を通しての学習や遊び、発表会を行い、交流を通じて社会性や人間関係を高める活動を行った。今後もこれらの取組を積極的に継続していく予定である。

〈近隣の教育・文化施設〉　鈴鹿市伝統産業会館には郷土が誇る「鈴鹿墨（伝統的工芸品指定）」や、「伊勢型紙（重要無形文化財指定）」が展示されており、他に実演の見学や、体験掘り等が可能である。

◇福井県福井市中藤《なかふじ》小学校

①勝木孝一　②二五（特三）　③七〇三　④福井県福井市高柳三―三〇一　⑤〇七七六（五四）三八二三　⑥ＪＲ福井駅からタクシーで二〇分　⑦ＨＰ㊒・無

互いに認め合い、共に学び合う
――対話を通して学びを深め、よりよく生きる――

自己との対話・他者との対話を通して、学びを深め、よりよく生きようとする態度の育成を目指すには、道徳の授業を含め、全ての授業の中で「本音を話せる」環境づくりが不可欠となる。そのために、①教師の聴く力を含めたファシリテート力（子どもの考えをつなぐ力）の向上、②より深く考え、言いたくなる発問の工夫と問い返しの研究を図った。

具体的取組として、①ねらう価値、発問の構成を記した「らくらくシート」の作成、②全職員でのグループ内授業研究の実施、③授業後のミニ研究会の実施、④終礼時での報告会を行った。

授業や活動後の感想を集めた「ふれあいの木」の展示等、道徳教育を支える物的環境の充実を図った。

〈近隣の教育・文化施設〉　福井市には、大河ドラマ「麒麟がくる」で注目を浴びた一乗谷朝倉氏遺跡や福井藩主松平家の別邸でもあった養浩館庭園など、数多くの名跡や史跡がある。

◇滋賀県高島市立マキノ南《みなみ》小学校

①山本　渉　②八（特二）　③六二　④滋賀県高島市マキノ町新保八八七　⑤〇七四〇（二七）〇〇一三　⑥ＪＲ湖西線近江中庄駅より徒歩二〇分　⑦ＨＰ㊒・無

新しい自分に出会う「特別の教科　道徳」の在り方
――授業の学びを実践につなげる教育活動の展開――

令和三・四年度の二年間、マキノ中学校区（本校を含む小学校三校、中学校一校）で文部科学省「道徳教育の抜本的改善・充実に係る支援事業」の指定を受け研究を進めた。令和三年度は道徳科の授業、特に発問にこだわった授業研究を深めた。児童が生き生きと自分の思いを話す場面は増えたが、児童自ら対話を行い主体的に考えを深めるまでには至らなかった。

そこで、令和四年度は授業における教師の役割をファシリテーターと位置付け、児童の考えをつなぐ対話の在り方を研究した。また、授業での学びを広げることができるように、教室や廊下等に道徳コーナーを設置し、児童の学びの可視化と道徳的実践につなげる啓発資料の掲示など環境の整備にも取り組んだ。

〈近隣の教育・文化施設〉　日本陽明学の祖・中江藤樹《なかえとうじゅ》ゆかりの地で、「近江聖人中江藤樹記念館」（ＪＲ湖西線安曇川駅より徒歩十分）などの施設があり、致良知の教えを学ぶことができる。

◇和歌山県和歌山市立岡崎《おかざき》小学校

①西岡美也子　②二四（特六）　③五九五　④和歌山県和歌山市寺内四二六　⑤〇七三（四七一）一七五〇　⑥和歌山電鐵貴志川線岡崎前駅から徒歩二〇分　⑦ＨＰ㊒・無

豊かな心をもちよりよく生きようとする児童の育成
――自己の生き方について考えを深める――

本校は平成十八年度より、道徳の研究を進めている。豊かな心をもちよりよく生きようとする児童を育てるために、他者との関わりの中で共感しながら、よりよい生き方を追求していくことを目標に取り組んでいる。しかし、一つの教科や領域だけで達成できるものではなく、学校教育活動全体を通して、系統的・計画的に指導を進めなくてはならない。その取組の一つとして、本校では、児童の実態に即した学習計画「フォーカスデザイン」を全クラスで作成している。学年段階に応じた主題を設定し、適切な時期に位置付けるよう計画・評価・改善・修正を重ねる。これらを、各担任が一年間意識して取り組むことで学校教育目標の達成を目指すものである。

〈近隣の教育・文化施設〉　「岡崎団七踊」は和歌山県の無形文化財に指定されている。校区内には井辺前山古墳群があり、古墳時代前期を中心とした集落跡も発見されている。

◇広島県呉市立広南《ひろみなみ》小学校

①山田幸治　②八（特二）　③九九　④広島県呉市広長浜四―一―二六　⑤〇八二三（七一）七九六五　⑥JR呉線新広駅よりバスで一〇分徒歩一分　⑦HP㊒・無

小中一貫で、学校・家庭・地域と連携した道徳教育
――主体的に考え、議論する道徳科の授業づくり――

広島県教育委員会指定の「道徳教育推進拠点地域事業」を受け、施設一体型連携校「広南学園」のよさを生かし、九年間で児童生徒の道徳性を育成するために、カリキュラム・マネジメントによる道徳教育の研究を行っている。

特に、道徳科の授業を学級担任と道徳教育推進リーダーが、ティーム・ティーチングで指導することで、多様な授業展開を行い、児童生徒が主体的に考え、議論し、自己の生き方を考える授業づくりに取り組んでいる。

また、地域の人や物、事などを生かし、学校・家庭・地域が一体となった道徳教育を推進し、誇りをもって故里を語り、受け継ぎ、発展を担う志と力を育てる教育の創造に努めている。

〈近隣の教育・文化施設〉　呉市は、戦艦「大和」を建造した東洋一の軍港、日本一の海軍工廠《かいぐんこうしょう》の町として栄えてきた。十分の一の戦艦「大和」を展示している大和ミュージアムがある。

◇山口県下松市立下松《くだまつ》小学校

①西本　隆　②二八（特六）　③六七五　④山口県下松市西豊井六九八　⑤〇八三三（四一）〇〇六二　⑥JR山陽線下松駅より徒歩五分　⑦HP㊒・無

よりよく生きようとする児童の育成
――納得解を見出し、自己の生き方に活かす道徳――

本校の道徳教育は、昭和二十八年に「のぞましい態度形成」という研究課題を設定し、根本的な生活指導を掘り下げ、その充実・刷新を図る研究から始まる。昭和三十年には「のぞましい道徳的態度形成」のための「生活科」を週一時間設け、道徳的態度の深化・向上を図る特設の時間を位置付けた。昭和三十二年には、関西道徳教育研究西日本大会を開催し、生活読本を使用して道徳の授業公開と研究発表を行った。その後も道徳教育の研究に取り組み、学びの様子を公開している。令和四年度より「やまぐちっ子の心を育む道徳教育プロジェクト」推進校として、教育課程や授業改善、環境整備の充実等に全校体制で取り組み、道徳の研究を継続的に行っている。

〈近隣の教育・文化施設〉　下松市はものづくりの町として栄え、全国住みよさランキングで常に上位に位置するコンパクトで自然が豊かな住みよい町で、近年古墳から大型埴輪が出土した。

◇愛媛県西条市立壬生川《にゅうがわ》小学校

①山田裕之　②一六（特五）　③二五二　④愛媛県西条市壬生川四二五―二　⑤〇八九八（六四）二〇二二　⑥ＪＲ予讃線壬生川駅より徒歩一〇分、又はタクシーで三分　⑦ＨＰ㊒・無

自己を見つめ、よりよく生きる心豊かな児童の育成
――関わりを大切に、考えを深める道徳科の授業――

本校は、令和五・六年度の二年間、愛媛県教育委員会の「愛媛県特色ある道徳教育推進事業」の指定を受け、主に「道徳教育の確かなマネジメントの推進」「主体的・対話的で深い学びを展開する道徳科」「教育活動全体における道徳教育」について、それぞれの充実を目指した研究に取り組んでいる。

主な取組として、主体的・対話的で深い学びを展開する道徳科の充実に向けては、全校体制で「ローテーションＴＴ道徳」に臨んでいる。学級担任のみならず、他の教員も道徳科の授業に合流し合う形式である。また、教育活動全体における道徳教育の充実に向けては、道徳ノートの活用により、重点内容項目に関連付けた取組を展開中である。

〈近隣の教育・文化施設〉　西日本最高峰石鎚山《いしづちさん》の麓にある本市は、良質な自噴水「うちぬき」などの豊かな自然環境が広がり、「豊かな心を育む教育文化のまちづくり」を目指している。

◇青森県　小中一貫三戸学園　三戸町立斗川《とがわ》小学校

①後藤真樹子　②四（特二）　③二一　④青森県三戸郡三戸町大字斗内字清水田五〇　⑤〇一七九（二〇）三七七四　⑥青い森鉄道三戸駅より南部バスで二〇分、斗川支所前下車、徒歩三分。又はタクシーで一五分。　⑦ＨＰ有・㊀

自分の考えをもち、進んで表現する児童の育成
――よりよい表現について考えさせる場の工夫――

本校は平成二十五年度から小中一貫三戸学園三戸町立斗川小学校として、三戸小・中学校と連携を図りながら教育活動を進めている。三戸学園共通の教育目標「主体的な学習　自律ある行動　心身の調和」を掲げ、三戸町独自の教科である「立志科」や一年生からの「英語科」の学習など、三戸町小中一貫教育要領に則った指導を行っている。特に英語科では、小規模校という利点を生かし、少人数によるＡＬＴを活用した授業や評価を工夫し児童の意欲を高めている。また、学園中等部教員による乗り入れ授業、米軍基地での英会話体験学習、海外とのオンライン授業などの実施により、楽しみながら体験することでコミュニケーション能力の向上を図っている。

〈近隣の教育・文化施設〉　三戸町は南部氏の旧城下町として古い由緒と歴史を誇っており、国史跡三戸城跡「三戸公園」「歴史民俗資料館」では今でも石垣や堀跡などの遺構が多く見られる。

◇群馬県高崎市立倉渕《くらぶち》小学校

①横谷　隆　②七（特一）　③八三　④群馬県高崎市倉渕町権田三一四一一　⑤〇二七（三七八）三三一八　⑥JR高崎線高崎駅よりバス一時間二五分　⑦HP㊒・無

主体的にコミュニケーションを図る児童の育成
――「くらぶち英語村」との連携を通して――

　本校は、平成三十年度から校区内にある「くらぶち英語村」の児童を受け入れている。「くらぶち英語村」とは、小中学生を対象とした英語で生活をする山村留学施設で、本年度は四年生二名、五年生三名、六年生五名の児童が転入生として通っている。

　定期的に学校職員と「くらぶち英語村」のスタッフが情報交換をして円滑な人間関係を築くことができるようにサポートしたり、地元の児童と「くらぶち英語村」の児童が、授業や児童会活動などで英語を使った対話的な活動を通して交流したりする中で、自己表現する機会が増え、コミュニケーション能力が向上することを目指している。また、校内放送や掲示物など英語に関する環境整備も行っている。

〔近隣の教育・文化施設〕　学校の東の東善寺には、幕末開明の人で、遣米使節の後、横須賀製鉄所の建設を初め、日本の近代文化のために多くの業績を残した小栗上野介忠順《おぐりこうずけのすけただまさ》の墓がある。

◇埼玉県上尾市立上平《かみひら》小学校

①中島晴美　②一八（特二）　③四七三　④埼玉県上尾市大字南一〇二　⑤〇四八（七七一）一七五一　⑥JR高崎線北上尾駅より徒歩二〇分　⑦HP㊒・無

生き生きと活動する子どもたちを目指して
――学びの繋がりを大切にした英語教育を通して――

　本校は平成二十九年度から上尾市教育委員会より研究委嘱を、さらに令和四年度には文部科学省委嘱「小・中・高等学校を通じた英語教育強化事業」の研修協力校の指定をいただき、上平中学校と合同で研究を進めてきた。「学びのつながり」をキーワードに、九年間を見通したCAN－DOリストを作成したり、共通の授業スタイルを設定したりと、小中の接続が円滑にいくような手だてを講じてきた。一定数の連続する会話を目指し、高学年では八往復、中三では二十往復等と目標会話数を系統的に定め、既習事項やリアクション言葉を意識的に指導することで、相手を配慮しながら、自分の思いを伝え合えるような児童生徒に育ってきている。

〔近隣の教育・文化施設〕　市内平方地区八枝神社では毎年七月に「どろいんきょ」が行われている。白木の神輿を水を撒いた土の上で転がし、近くの荒川に入り清めるという珍しい祭である。

◇和歌山県高野山《こうやさん》小学校

①岡本浩二　②八（特二）　③七七　④和歌山県伊都郡高野町高野山三七六　⑤〇七三六（五六）二一四〇　⑥南海高野線ケーブル高野山駅から南海りんかんバス一〇分金剛峯寺前バス停より徒歩三分　⑦HP㊒・無

英語で伝え合おう！私のこと、ふるさとのこと
――教師の授業スキルと指導方法の向上――

高野町のプロジェクトとして令和三年度から英語教育の抜本的な改善に取り組んでいる。小中義務教育九年間を通したバランスの取れたカリキュラムの作成、また、効果的な指導法を用いて自律的に授業改善を行う教員集団作りを念頭に、令和三年夏から英国の国際文化交流機関である「ブリティッシュ・カウンシル」と協働で取組を始めた。現在は、子どもたちが生まれ育った高野山について、海外からの観光客と英語を使い基本的なやり取りができることを目標に、全学年での取組を進めている。また、イギリス在住の山下桂世子先生の助言のもと、「困り感」のある子どもたちも一緒に「シンセティック・フォニックス」に基づく読み書き指導も行っている。

〔近隣の教育・文化施設〕　本校は世界遺産に囲まれ、「壇上伽藍《だんじょうがらん》」、「金剛峯寺《こんごうぶじ》」、「奥の院」をはじめ歴史深い施設が学校から徒歩圏内ある恵まれた環境にある。

◇徳島県石井町藍畑《あいはた》小学校

①下窪耕司　②九（特三）　③一四三　④徳島県名西郡石井町藍畑字東覚円六七〇　⑤〇八八（六七四）一六〇四　⑥徳島バス石井上板線藍畑小学校前バス停より徒歩二分　⑦HP㊒・無

コミュニケーションの素地・基礎を育む外国語教育
――自らの思いを伝え合う言語活動の追究――

「心豊かで、たくましい子どもの育成」という学校教育目標に沿い、関わりを大切にし、児童の「伝えたい」思いが沸き上がる単元構成、気付きを重視した「使いながら学ぶ・学びながら使う」言語活動の充実、ICTの効果的な活用による学習支援、指導と評価の一体化に重点を置き、外国語教育研究に取り組んでいる。そこで見えてきたのは、児童の学びの継続性を考慮した各教科・領域間、学年間、校種間の接続・連携の重要性である。

また、児童の興味が、ゲームや歌などの活動そのものから、英語を使って会話すること・英語を使うことで広がる世界へと移る手だてや、外国語に親しみながら、児童の自主性を育む言語環境についても研究を進める。

〔近隣の教育・文化施設〕　石井町は徳島市に隣接し、一級河川吉野川の肥沃な土地に開けた町である。平成元年に全国植樹祭が開催された「徳島県立神山森林公園イルローザの森」がある。

◇福岡県北九州市立企救丘《きくがおか》小学校

①山崎千歳　②二六（特六）　③六八三　④福岡県北九州市小倉南区企救丘二―一―一　⑤〇九三（九六二）〇四一四　⑥北九州モノレール企救丘駅より徒歩一〇分、又はタクシーで五分　⑦ＨＰ㊒・無

主体的に思いや考えを伝える外国語教育の推進
――個別最適な学びと協働的な学びの場の設定――

本校は、令和元年度より北九州市教育委員会の外国語教育リーディングスクールに指定され、「児童自ら取り組みたくなるような課題を設定し、主体的に英語で表現して伝え合う授業づくり」を目指して研究を進めている。また、中学校と連携し、九年間を見据えた外国語教育を推進している。そのため、一・二年生においても、朝の帯どり時間を使って、ＡＬＴと英語の絵本を読む活動を設定するなど、外国語に慣れ親しむ素地の育成を図っている。令和五年度は、児童の「伝えたい」「知りたい」という思いを大切にした単元設定を行い、ＩＣＴを活用して、個々が単元のゴールに向かって自己調整しながら粘り強く取り組む場を設定した授業研究を行った。

〔近隣の教育・文化施設〕　小倉南区は、平尾台や曽根干潟など豊かな自然の他、神楽など地元に古くから伝わる伝統芸能、まつりみなみなどのイベントに至るまで魅力あふれる地域である。

◇佐賀県吉野ヶ里町立三田川《みたがわ》小学校

①豆田幸彦　②二七（特九）　③六二七　④佐賀県神埼郡吉野ヶ里町吉田六三―一　⑤〇九五二（五二）二七六八　⑥ＪＲ長崎本線　吉野ヶ里公園駅より徒歩六分、又はタクシーで二分　⑦ＨＰ◯有・無

自他を尊重しコミュニケーション力を高める外国語
――「つながり」を意識した中間指導を通して――

外国語を使った活動を通して、言語や文化、他者についての理解を深め、外国語に親しませながら、進んで人と関わり合おうとする態度を養い、自分自身や友達を認め、分かり合うことができる児童を育成することをねらいとしている。

そのために、多様な人との「つながり」や自分の生活および学習との「つながり」などを意識した言語活動を設定し、授業の習いに沿って中間指導を行うことで、児童に真の意味で「できた」「分かった」と達成感を味わわせたり、外国語の学習に向かう力を涵養したりするような外国語の授業づくりについて研究していく。

〔近隣の教育・文化施設〕　吉野ヶ里歴史公園がある。

◇栃木県小山市立小山城東《おやまじょうとう》小学校

①青木浩美　②二四（特五）　③五五六　④栃木県小山市城東一―一六―一　⑤〇二八五（二五）二八八二　⑥ＪＲ宇都宮線小山駅より徒歩二五分　⑦ＨＰ㊒・無

かかわり、気付き、深め、表現する学びの輪
――学びを実感し次につなげるための評価の工夫――

本校は令和元・二・三年度に栃木県小学校教育研究会の研究指定を受け「生活科・総合的な学習の時間」の研究実践を行った。テーマ及びサブテーマから「自分事」をキーワードに主体的で対話的な学びを進めながら、今後の自分に生かしていくことができるような評価の工夫について研究を進めてきた。研究の実際として、単元づくりの工夫、「ひと・もの・こと」との関わりや体験活動の充実、学びを実感するための工夫、次の学習や生活につなげるための評価の工夫に取り組んだ。その結果、現学習指導要領の三観点の中に考えられる資質・能力を細分化した本校独自の「評価簿　城東モデル」を作成し、児童一人一人の成長を見取り、励ましてきた。

〈近隣の教育・文化施設〉　校区は小山駅東の市街地にあり、小山市立中央図書館や城東公園がある。その敷地に小山市出身の歌人田波御白《たなみみしろ》の記念歌碑がある。

◇東京都狛江市立狛江第一《こまえだいいち》小学校

①荒川元邦　②二一（四）　③九一六　④東京都狛江市和泉本町一―三七―一　⑤〇三（三四八〇）〇二四一　⑥小田急線狛江駅より徒歩五分　⑦ＨＰ㊒・無

はてなを楽しみ主体的に追究する児童の育成
――持続可能な社会の創り手を育むために――

令和三・四・五年度東京都教育委員会授業改善推進校の指定を受け、生活科・総合的な学習の時間を核として、授業改善に取り組んでいる。ＥＳＤの視点に立ち、身に付けたい七つの資質・能力を明確にし、それらの資質・能力の育成を目指して実践を積み重ねている。

問題解決学習のプロセスでは、特に、課題設定の場面を重視しており、学びを「自分事」としてとらえられるような工夫を行っている。また、「学校地域コーディネーター」を活用し、地域の人材や資源等を紹介してもらうことで、体験的な活動を一層充実させている。

〈近隣の教育・文化施設〉　狛江市は、「水と緑のまち」を標榜しており、多摩川が流れ、近郊農業が盛んである。また、都心にほど近いため、ベッドタウンとして人口が増加している。

◇神奈川県伊勢原市立緑台《みどりだい》小学校

①佐藤幸也　②一七（特五）　③三二六　④神奈川県伊勢原市高森四八二　⑤〇四六三（九三）四七一七　⑥小田急小田原線愛甲石田駅より徒歩三〇分、又はタクシで一八分　⑦ＨＰ㊒・無

自ら気付き、考え、行動する子の育成を目指して
――身近な『ざい』を起点とした協働的な学び――

昭和五十三年の開校当初より、学校を全人教育の場ととらえ、主体的な気付きをもたらす体験活動を重視した教育に取り組んでいる。子どもたちに豊かな自然体験をさせたいと地域や保護者の協力を得て、環境整備に取り組んできた。

学校の西側山林に一周約四十五分の自然観察コースを整備し、学習の場として活用している。東側では田んぼを一区画借り、年間を通して米作り活動に取り組んでいる。校地内にはミニ動物園を整備し、ウサギやチャボなどの小動物を学年ごとに飼育している。また、学年の畑や実のなる樹木を整備し、収穫物を調理して食べる活動をしている。

本校では、こうした地域の『ざい』を起点とした、協働的な学びを推進している。

〈近隣の教育・文化施設〉　江戸時代に大山参りで栄えた大山は、ケーブルカーで中腹まで簡単に行くことができる。市内には、江戸城を築いた「太田道灌の墓」や「市立子ども科学館」がある。

◇静岡県掛川市立原田《はらだ》小学校

①沖　孝子　②六　③五五　④静岡県掛川市原里一六二三―一　⑤〇五三七（二六）〇〇六一　⑥ＪＲ東海道本線掛川駅より車で三〇分、天竜浜名湖鉄道　原田駅より車で五分　⑦ＨＰ㊒・無

学び合うことができる授業づくり
――一人一人が主役の授業――

「子どもの思考に沿った単元構想の工夫」と「ＩＣＴを効果的に活用した交流活動の充実」を柱に研修を進めている。特に総合的な学習の時間では、持続可能な地域を目指して地域と積極的に関わりながら活動している。

令和四年度、四年生は、五つの小単元を組み合わせた単元を構想し、地域の川や森を守るために、探究的な活動を展開した。単元の集大成には、「にこにこネイチャーフェス」を開催し、木のＭＹ箸作りやおもちゃ広場などで全校児童や保護者、地域の方々と一緒に自然環境に親しむことができた。

五年生は、地元企業と関わり、特産物のレタスを使った商品を開発し販売した。今後も、学び合いながら「地域とともにある学校」を目指す。

〈近隣の教育・文化施設〉　掛川市は、静岡県西部に位置し新幹線の停まる掛川駅や東名高速道路掛川ＩＣなど、交通の便に優れている。「どうする家康」に登場した掛川城や高天神城がある。

◇大阪府大阪市立粉浜《こはま》小学校

①上田幸司　②一八（特六）　③三八四　④大阪府大阪市住之江区粉浜二―六―六　⑤〇六（六六七二）〇〇〇一　⑥南海本線粉浜駅徒歩一分、大阪メトロ四つ橋線玉出駅より徒歩八分　⑦ＨＰ㊒・無

自ら考え、正しく判断し、進んで行動する子
――子どもの思いを大切にした指導計画――

研究教科は国語であるが、並行して総合的な学習の時間の年間指導計画の見直しを行い、カリキュラム・マネジメントの充実を目指している。

総合的な学習の時間では三年生で蚕の飼育に取り組んだり、近隣の粉浜商店街を盛り上げる取組を行ったりしている。粉浜商店街を探検し、お店で職業体験をさせていただいた。その経験をもとに自分たちで商店街を盛り上げる方法を話し合い、実行していった。自分たちで粉浜商店街の歌を作り、定期的に商店街で流していただくようになったのもその一つである。このような実践を積み重ね、地域とともに育つ子どもたちを増やしていきたい。

〈近隣の教育・文化施設〉　大阪府で一番初めに造られた住吉公園が校区内にある。この公園に隣接するように住吉大社がある。さらに、高《たか》燈篭《とうろう》という昔の灯台もある。

◇岡山県高梁市立富家《ふうか》小学校

①福田知子　②五（特一）　③二六　④岡山県高梁市備中町長屋二七―一　⑤〇八六六（四五）三〇二〇　⑥ＪＲ伯備線備中高梁駅よりタクシーで三〇分　⑦ＨＰ㊒・無

地域に根ざしたふるさと探究学習
――岡山型ＰＢＬの視点を取り入れて――

本校は令和六年度の全国へき地教育研究大会岡山大会における実践発表校の指定を受け、岡山型ＰＢＬの視点を取り入れたふるさと探究学習に取り組んでいる。

研究では、岡山型ＰＢＬで大切にしている「自己決定の場を設ける」「地域の多様な人・もの・ことに関わる」を指導の重点とし、自己決定することを通して主体性を高める工夫として、児童が課題に対して見通しと意欲をもち、必要感の生まれた時に自己決定の場を設定すると効果的であると考える。地域の多様な人・もの・ことの関わりについては、児童が学習内容と自分の生活とのつながりを感じやすく、課題を自分事としてとらえやすくなり、主体的な学習につながっている。

〈近隣の教育・文化施設〉　高梁市には、日本遺産「『ジャパンレッド』発祥の地―弁柄と銅の町・備中吹屋―」や、現存天守十二城のひとつで、雲海に浮かぶ「天空の山城」備中松山城がある。

◇三重県伊賀市立大山田《おおやまだ》小学校

①茶本康一　②一三（特五）　③二二三　④三重県伊賀市平田二五　⑤〇五九五（四七）〇三五〇　⑥伊賀鉄道上野市駅よりバスで一五分　⑦HP㊒・無

通常の学級における特別な教育的支援のあり方
――誰もが安心して学ぶことができる学級づくり――

本校では、令和四年十二月に公表された「通常の学級に在籍する特別な教育的支援を必要とする児童生徒に関する調査結果について」（文部科学省）を受けて、通常の学級に在籍し、学習面・行動面で著しい困難を示す児童を中心に、全ての児童が安心して学ぶことのできる学校づくりを目指している。そのために、①一人一人の教育的ニーズを把握し、学校体制として支援できるように校内委員会を活用すること　②ユニバーサルデザインを意識した授業づくりを全学級で実施すること　③障がい者問題を自分事として考える学習をカリキュラムに取り入れ、系統的に学習を進めること　④安心できる仲間づくりを日常的に行うことに取り組んでいる。

〈近隣の教育・文化施設〉　伊賀市は松尾芭蕉生誕の地であり、史跡芭蕉翁生家がある。また、高石垣をもつ伊賀上野城や忍者屋敷のからくりを体験できる伊賀流忍者博物館がある。

◇岡山県美作市立勝田《かつた》東《ひがし》小学校

①中尾美智子　②三　③二五　④岡山県美作市大町六四六八　⑤〇八六八（七七）〇二〇二　⑥JR林野駅よりタクシーで約二〇分　⑦HP㊒・無

自分の考えを広げたり深めたりする授業づくり
――子ども同士がつながる――

本校は、児童数二十五名の小規模校である。豊かな自然環境や小規模であることの特色を生かし、自然に触れる中で学ぶ楽しさや温かい地域の方々とのふれあいを通して、心身共に健康で豊かな人間性を培う教育を進めている。

小規模特認校制を実施することで、市外・県外より児童を受け入れ、学校に活気を増すことをねらいとしている。「授業のユニバーサルデザイン化」に取り組み、発達段階に差のある子どもたちが、だれでも理解しやすい、学びやすい学習環境づくりや授業づくりを進めている。ユニバーサルデザインの視点を授業に取り入れ、どの児童も、〝わかる・できる〟ようになり、表現する意欲を高めることを目指していきたいと考えている。

〈近隣の教育・文化施設〉　美作市は「巌流島の決戦」で有名な宮本武蔵生誕の地である。二刀流を編み出したと言われている武蔵ゆかりの神社や、「剣聖」宮本武蔵を祀る武蔵神社がある。

◇青森県青森市立篠田《しのだ》小学校

①森山浩平　②二一（特五）　③四〇五　④青森県青森市篠田三―一六―二　⑤〇一七（七八一）〇〇三三　⑥青森駅よりタクシーで五分、又は新青森駅よりタクシーで一〇分　⑦ＨＰ㊒・無

児童の自己肯定感を育み高めるために
――安心できる居場所づくりを土台として――

本校では、「子どもの自己肯定感の向上」を学校の最優先課題として三年間取り組んでいる。

校内研修では、「安心できる居場所としての学級・学年集団づくりを土台とした、自己肯定感の育成や向上の工夫」を研究内容として設定し、①生徒指導の三機能を生かした授業の工夫、②日常的な勇気づけによる声がけ、③特別活動の充実、④評価内容や振り返りの工夫を重点として研究実践を行っている。

本県、本市の学校教育指導の方針である「夢や志をもち挑戦する児童育成」の実現に向け、生きる力を育むための基礎となる児童の自己肯定感の涵養を目指し、「笑顔で支え合う楽しい学校」を全校の合言葉に教育活動を進めている。

〈近隣の教育・文化施設〉　文化観光交流施設「ワ・ラッセ」には祭りに出陣した大型ねぶたが常設展示されている。また世界文化遺産に登録された「三内丸山遺跡」や「小牧野遺跡」がある。

◇宮城県大崎市立古川第一《ふるかわだいいち》小学校

①斎藤卓也　②二〇（特三）　③五一八　④宮城県大崎市古川二ノ構七―六七　⑤〇二二九（二二）二〇七二　⑥ＪＲ古川駅より徒歩二二分又はバスで一四分　⑦ＨＰ㊒・無

主体的に学習に向かう児童の育成
――「ぎんなん子スタディ」の取組を通して――

個別最適な学びの実践的研究により、学びに向かう力の育成に大きな成果をあげている。主体的に学習に向かう児童を育成するために「自分に合った学び方で学習する」ぎんなん子スタディを実践している。授業や朝学習、家庭学習において、児童がスタディ・ログを活用してどんな方法で、誰と、どんな進め方で学ぶかなど、自分に合った学び方を選択したり、調整したりしている。

県の「個別最適な学びに関するモデル事業」として、国語、算数、理科を中心に研究している。教科の特性に応じて「ぎんなん子スタディ」を変化させ、本校ならではの学習スタイルを確立した。公開研究会や特設ＷＥＢサイトを通して、県内外にその成果を公開している。

〈近隣の教育・文化施設〉　市内に世界農業遺産やラムサール条約登録湿地、プラネタリウムがあり、理科や社会、総合的な学習の時間を中心に児童が豊かな体験を行うことができる。

◇福島県白河市立白河第二《しらかわだいに》小学校

①稲川竜寿　②二二（特四）　③五二三　④福島県白河市日影二一八　⑤〇二四八（二三）三二四二　⑥JR新白河駅より徒歩二三分、又はタクシーで五分　⑦HP㊒・無

教科の本質に基づいた児童の主体的学習態度の育成
――探求し続ける問題解決的な学習――

本校では国社算理の四教科を軸に「主体的学習態度の育成」をテーマとして、昭和四十二年からの研究を継承してきた伝統校である。現在の研究副主題「探求し続ける問題解決的な学習」では、子どもたちが学びを見つめ直し、考えを再構築したり、新たな問いを見いだしたりすることで学びを自分のものにしていく姿をねらい、研究を推進している。これらの研究主題、副主題を支えるのは、共通実践の「四つの指導技術」である。我々教師が、子どもたちの学びを保証するために身に付けたい指導技術を土台として、日々授業力を磨いている。子どもたちの「学びに向かう力」を高められるよう、今後も研究に取り組んでいきたい。

〔近隣の教育・文化施設〕　JR白河駅西側には、戊辰戦争の歴史を語り継ぐ「小峰城跡」、「小峰城歴史館」が併設されている。近くの白河文化交流館コミネスは、文化芸術の振興に寄与している。

◇福島県須賀川市立第一《だいいち》小学校

①柿沼孝明　②二三（特四）　③五一九　④福島県須賀川市大黒町一〇〇　⑤〇二四八（七五）二八五一　⑥JR須賀川駅から一・七km　徒歩二五分　⑦HP㊒・無

夢中になって学ぶ子どもの育成
――授業と授業研究を第一優先にした学校づくり――

今、学校で抱えている今日的課題を踏まえ、全ての教科、全ての授業で主体的・対話的で深い学びが見て取れるような授業を日常的に実践することにより、一人残らずの子どもの学びを保障し、子どもが夢中になって学ぶ姿を見て取ることができるような授業づくりを進めている。また、継続的、日常的な授業づくりへの挑戦とするため、学校の教育課程全体を見直し、指導案を作成せずに行う月に一度の授業研究会の実施、動画を使った授業リフレクションの実施、授業研究会実施のための時間の確保など、授業と授業研究を第一優先にした研修システムを模索しながら学校づくりを進めている。

〔近隣の教育・文化施設〕　特撮の生みの親、円谷《つぶらや》英二《えいじ》、東京オリンピック男子マラソン三位の円谷《つぶらや》幸吉《こうきち》生誕の地であり、二人にちなんだ各施設があり、各種事業を展開している。

◇長野県諏訪市立上諏訪《かみすわ》小学校

①田中　篤　②一七（特五）　③三五〇　④長野県諏訪市諏訪二—一三—一　⑤〇二六六（五二）〇一〇一　⑥JR上諏訪駅より徒歩一五分、又はタクシーで五分　⑦HP㊒・無

子どもの内にある可能性を育てる「白紙単元学習」
——探究的な学びの推進——

令和二年度、高島小学校と城北小学校が統合して設立された新校であり、隣接する上諏訪中学校との小中一貫教育にも取り組んでいる。

「白紙単元学習」は、前身の高島小学校において昭和五十五年から取組が始まった。文字通り何も染まっていない白紙の状態から、子どもの興味・関心を大切に、子どもの追究の素材となる題材（ひと・もの・こと）を発掘し、価値意識を醸成させながら子どもと共に教師が計画し、子どもたち自身による課題解決を通して学びを創り上げていく学習である。

毎年十月に、「白紙単元学習」及び「教科学習」の公開学習指導研究会を実施している。

〈近隣の教育・文化施設〉　諏訪湖を望む諏訪市は、湖畔に上諏訪温泉があり、多くの酒蔵、御柱祭りで有名な「諏訪大社」、「霧ヶ峰高原」、「原田泰治美術館」や岩波文庫を所蔵する「信州風樹文庫」がある。

◇長野県中野市立高丘《たかおか》小学校

①渡邊浩司　②八（特二）　③一六五　④長野県中野市大字草間一五〇五　⑤〇二六九（二二）三七一六　⑥JR飯山線立ヶ花駅より徒歩一五分、又は長野電鉄信州中野駅よりタクシーで一〇分　⑦HP㊒・無

「学び合い」による学級づくり、授業づくり
——「協同の学び」の理念に基づく授業改善——

同じ中学校ブロックにある中野平中学校（学びの共同体パイロット校）・平野小学校・本校（高丘小学校）を、「協同の学び」の理念のもと、「学び合い　わかる授業」をテーマに、どの子どもの学びも保障することを目指して、各校で行われる公開授業研究会（各校年間二回開催）に参観し合って、連携して授業改善に取り組んできている。

本校は、三重大学教授の岡野　昇先生を講師に年間二回（五月と十二月）の公開授業研究会を開催し、一般の参観者やブロック内の二校の先生方と共に協議することを通して、授業改善の振り返り、検証を行っている。

〈近隣の教育・文化施設〉　中野市の周辺には、「志賀高原」、「野沢温泉」等の数多くのスキー場や温泉がある。市内には果樹園が広がり、ブドウ・リンゴ・モモ等の一大生産地となっている。

◇岐阜県岐阜市立長良《ながら》西《にし》小学校

①服部晃幸　②二四（特四）　③六一三　④岐阜県岐阜市千代田町二―一　⑤〇五八（二三二）五二二二　⑥JR東海道線岐阜駅よりバス二〇分、徒歩五分、又はタクシーで一五分　⑦HP㊒・無

子どもが創り出す学びの実現
――自分らしく歩む学習活動の工夫改善――

令和五年度は、令和七年度の教育公開に向けて「子どもを主語」とした研究主題「子どもが創り出す学びの実現」を設定し、コロナ禍で育まれた児童の資質・能力を更に伸ばす授業改善に努めた。「子どもが創り出す学び」については、「学びに向かう原動力を高める」、「自らの学びを調整する」、「自己肯定感を高める」の三点から具体的な子どもの姿を描いている。そして、与えられる学習から、自分のペースで自分事として学んでいくために、自らの学びを調整する単元・題材の構造化や学習内容・方法を選択・自己決定し、自分らしく歩む学習活動の在り方等について研究を進めている。また、タブレット端末の有効な活用法について検討している。

〈近隣の教育・文化施設〉　金華山（岐阜城）の麓の公園に、歴史や昆虫の博物館、美術館がある。「知」「絆」「文化」の拠点となる複合文化施設として「ぎふメディアコスモス」がある。

◇静岡県浜松市立大平台《おおひらだい》小学校

①戸嶋秀樹　②一九（特二）　③四八三　④静岡県浜松市西区大平台三―六―一　⑤〇五三（四八二）一一六一　⑥JR高塚駅よりタクシーで一〇分　⑦HP㊒・無

学ぶ喜びを実感し、主体的・対話的に学ぶ子の育成
――何で？そっか！もっと！が聞こえる学び――

本校は新興住宅地の開発とともに開校し、令和六年度で二十年目を迎える。地域には「地域づくりは学校とともに」という思いがあり、多大な支えをいただきながら協働体制で健やかな子どもを育ててきた。

令和四年度より、「個別最適な学びと協働的な学びの一体的な充実」をテーマとした市の研究指定をいただいている。生活科・総合的な学習の時間を窓口に、「子どもが選ぶ複線型の学び」「問題解決につながる協働」を重点に授業改善に取り組んできた。課題解決に向かう活動や協働方法の選択、自然発生的な協働を仕組むことなどにより、子どもたちの主体性が発揮される学習へと授業の質が向上し、身に付けさせたい資質・能力の育成につながった。

〈近隣の教育・文化施設〉　大河ドラマでも取り上げられた佐鳴湖が歩いて十分ほどのところにある。なくてはならない自然教材となっていて、子どもたちはよく校外学習に出掛けている。

◇愛知県豊川市立千両《ちぎり》小学校

①亀甲真史　②二〇（特四）　③一一三　④愛知県豊川市千両町数谷原一八―二　⑤〇五三三（八三）〇一三〇　⑥名鉄豊川線八幡駅より徒歩六〇分、又はタクシーで一〇分　⑦ＨＰ㊲・無

進んで学びに向かう子の育成
――縦割活動の充実と学習の流れの共有化――

本校は、外国にルーツをもつ児童が約二〇％を占め、四つの障害種別の特別支援学級を開設している小規模校である。

学習の流れの共有化とは、本校児童の特性を踏まえ、授業に見通しがもてるような活動の種類を表す合言葉を子どもと共有することで、子どもは「どのように学ぶか」を念頭において学習に参加し、学びの自覚をより多く得るようになると考える。

また、異学年交流である縦割活動の充実について、キャリア・パスポートに振り返る機会とまわりのよさに目を向ける機会として活動をもつことで、自己肯定感が芽生えるだろう。子どもは人と関わることのよさを得て、自己肯定感を引き出し、学びに向かう力を高めたい。

学びの自覚と自己肯定感を引き出し、学びに向かう力を高めたい。

〈近隣の教育・文化施設〉　二〇二三年四月にリニューアルされた赤塚山公園には、遊具や水遊び場はもとより、無料で楽しめる水族館や動物ふれあいコーナーも整備され、人気を博している。

◇愛知県名古屋市立山吹《やまぶき》小学校

①傳佐由希子　②二三　③六六〇　④愛知県名古屋市東区橦木町二―二四　⑤〇五二（九三一）七六二五　⑥名古屋市営地下鉄高岳駅より徒歩一〇分　⑦ＨＰ㊲・無

夢中になって目を輝かせる子どもたち
――「個別最適な学び」を実現する自由進度学習――

本校は、夢中になって目を輝かせる子どもたちの姿を目指し、「個別最適な学び」を実現する取組を進めている。

取組の中心となる「ＹＳＴ（山吹セレクトタイム）」では、子どもたちが「いつ学ぶか」「何を学ぶか」「どのように学ぶか」を選択し、自ら立てた学習計画に沿って学習を進める。

一・二年生は、同一教科で週約五時間を、三～六年生は、複数教科で週約十時間を自由進度学習で行っている。自分に合ったペースや方法で学ぶことができるため、苦手な内容を丁寧に進めたり、得意な内容を熱心に探究したりする子どもたちの姿が見られる。

このような学びの積み重ねが、「夢中になって目を輝かせる子どもたちの姿」につながると考えている。

〈近隣の教育・文化施設〉　本校が位置する東区は、尾張徳川家ゆかりの神社・仏閣も多く、徳川美術館や蓬左文庫には、国宝、重要文化財など数々の名品が所蔵されている。

◇福井県小浜市立小浜《おばま》小学校

①細野聖子　②一一（特二）　③二三九　④福井県小浜市駅前町一三—二九　⑤〇七七〇（五二）三二二二　⑥JR小浜線小浜駅より徒歩五分　⑦HP㊒・無

主体性・協働性・創造性の育成を目指した授業作り
——資質・能力の転移を目指して——

本校は、令和三年度から二年間、「授業力アップ研究推進校」として小浜市教育委員会の指定を受け研究を推進した。育成したい資質・能力を「目的や課題を自ら設定し、すすんで取り組むこと（主体性）」「お互いのよさを認め合い、発揮しながら、力を合わせて取り組むこと（協働性）」「よりよいもの・新しい価値をつくりだそうと考え続けること（創造性）」とし、具体的には、「①授業研究会の充実」「②ふり返りの充実」「③発信する機会の設定」「④学習形態の工夫」「⑤授業スタイルの確立」「⑥行動指標の活用」に取り組んだ。「行動指標」については、学校教育活動全体を通して活用していき、より実効性のあるものへとしていく予定である。

〈近隣の教育・文化施設〉　小浜駅から車で五分ほどの場所に「御食国若狭おばま食文化館」があり、鯖の押し寿司・箸の研ぎ出し・色紙漉きなど、小浜市ならではの体験をすることができる。

◇滋賀県栗東市立金勝《こんぜ》小学校

①川那部隆德　②一八（特六）　③三四一　④滋賀県栗東市御園九一一—一　⑤〇七七（五五八）〇一五〇　⑥JR琵琶湖線草津駅よりバス三五分徒歩一分　⑦HP㊒・無

主体的な学びを生み出す「金勝スタイル」
——学校生活と日常生活をつなぐ言語活動の設定——

本校は、「瞳を輝かせ　めあてをもって　やりぬく金勝っ子」を教育目標に自主創造を希求している。

校内研究では、「自分の思いや考えをもち、目的や意図に応じた表現ができる子どもをめざして」を研究主題に、子どもの目的意識を大切にしながら、「書くこと」の言語活動を取り入れた授業改善に取り組んでいる。

ポイントは次の三点。①単元の流れの基本となる「金勝スタイル」（課題を見つける→見通しをもつ→自分で考える→共に学び合う→学習をまとめる→学習を振り返る）による主体的な学びの生み出し。②学校と日常の生活をつなぐ言語活動の設定。③「PDCAシート」を活用した教職員自らの省察による、校内研究での学びの自分事化。

〈近隣の教育・文化施設〉　学区内にJRA栗東トレーニングセンターがあり、約二〇〇〇頭の競走馬がトレーニングを行っている。また、聖武天皇ゆかりの金勝寺など文化的遺産も豊富。

◇奈良県大淀町立大淀《おおよど》希望《きぼう》ヶ丘《がおか》小学校

①森川武彦　②一〇（特三）　③一九二　④奈良県吉野郡大淀町北野五四―一　⑤〇七四六（三二）一二九〇　⑥近鉄吉野線六田駅より徒歩一五分　⑦ＨＰ㊒・無

「聴き合い、学び合う授業づくり」
――対話的で学び合う授業の研究――

本校は平成十八年に三校が統合して開校した。学校が荒れた時期もあったが、現在は比較的落ち着いた状況になっている。本校は以前から学力に課題があり、「全国学力・学習状況調査」では国語・算数とも全国平均と比べて十ポイント以上差があり、校内研修等で学力向上に取り組んできたが改善できなかった。そこで学力低迷の原因を探るため、全国学力テストの質問紙調査を見直すと、平日三時間以上ゲームをしている児童の割合が全国の一・五倍、休日に全く学習しない児童の割合が全国の三倍になっていることが分かった。同時に三年生以上に同様の調査をして実態を把握し、児童に自分の生活を見直しさせることで学力向上に迫ろうと取り組んでいる。

〈近隣の教育・文化施設〉　大淀町は温暖な気候を利用してお茶の栽培が行われ、良質な大和茶の産地である。その中でも日干番茶は、町東部の丘陵地で江戸時代以前から生産されている。

◇鳥取県鳥取市立東郷《とうごう》小学校

①池本久美　②四　③二七　④鳥取県鳥取市篠坂六―一　⑤〇八五七（五三）二五四二　⑥鳥取駅より車で一〇分　⑦ＨＰ㊒・無

自分の考えをもち、学びを深める子どもの育成
――ＴＯＧＯ　Ｓｔｕｄｙを生かした授業展開――

「ＴＯＧＯ　Ｓｔｕｄｙ（略称ＴＧＳ）」は、「〇〇へ向かう（ｔｏ　ｇｏ）」、「東郷（ＴＯＧＯ）の学びスタイル」、「授業と家庭学習を統合（ＴＯＧＯ）」の三つの意味を表している。本時の学習に向けて児童のレディネス《※学習するための準備状態》を高め、一人一人がある程度の考えをもつことを目的としている。算数科における深い学びの予習型授業となるために、式と答えのみでなく、図や考え方をノートに書いて、学習に臨んでいく。それらを積み重ねることにより、多くの児童が書くことへの抵抗感がなくなり、手際のよさも発揮されるであろう。また、授業後半における「適用題・振り返り・次時問題」というタイムマネジメントを意識した授業展開にも取り組んでいる。

〈近隣の教育・文化施設〉　大自然に囲まれた東郷地区は、鳥取自動車道の鳥取ＩＣを下りたすぐそばにあり、地元産の食材にこだわった高路そば、生姜ジャムなどの開発に力を入れている。

◇島根県隠岐の島町立都万《つま》小学校

①林　明範　②八（特二）　③五六　④島根県隠岐郡隠岐の島町都万二三六二―一　⑤〇八五一二（六）二〇〇五　⑥隠岐汽船西郷港より車で二五分　⑦ＨＰ㊒・無

主体的に課題に取り組み、伝え高め合う児童の育成
――外国語活動・外国語科の学習に広げて――

本校は、令和元年度より三年間『主体的・対話的で深い学び』を実現するための授業改善に取り組み、児童たちが自ら考えて進める学習スタイルを確立させ、児童が相互の関わりの中で考えを深める授業づくりを目指して、算数科と学級活動を中心に教育実践を積み重ねてきた。

令和四年度からは、さらに外国語活動・外国語科へと研究の幅を広げている。研究している内容は、一ガイド学習（児童が授業を進める）の導入　二ウォーミングアップ（三・四年生）、スモールトーク（五・六年生）の工夫　三興味関心を高める単元構成　四視点を意識した端的な評価の四点である。

研究の土台として、積極的で組織的な生徒指導や学習環境の整備も大切に進めている。

〈近隣の教育・文化施設〉　西郷港には、隠岐ユネスコ世界ジオパーク中核・拠点施設があり、隠岐諸島の成り立ちと、その大地の上で育まれた生物や歴史文化とのつながりを展示している。

◇島根県浜田市立波佐《はざ》小学校

①池辺恭一朗　②三　③一一　④島根県浜田市金城町波佐イ五五八―二　⑤〇八五五（四四）〇〇二八　⑥ＪＲ浜田駅より車で三〇分　⑦ＨＰ㊒・無

問題解決に自律的に取り組む児童の育成
――算数の問題発見から解決へのプロセスの充実――

本校は、令和二年度から三年間、複式学級における算数授業の在り方について研究・実践をし、その成果を第三十八回島根県へき地教育研究大会（浜田大会）で発表した。

算数の「わたり」を強みととらえ、教師は「支援者」としてのスタンスを取り、児童が自分たちで学びを進めていく「同時間接指導」を基本的な授業スタイルとした。導入時に「今日のカベ」と「突破のカギ」を対話を通して見付け、課題解決への見通しが明確になるようにした。

今年度は、授業で身に付けた、主体的、自律的に学びを進めていく態度を家庭学習にも生かせるように、小中連携教育の「生活習慣づくり」や「学力向上」の取組ともリンクさせて研究を進めている。

〈近隣の教育・文化施設〉　地区内には五十数箇所のたたら製鉄の遺跡がある。また、チベット探検の先駆者、「能海《のうみ》寛《ゆたか》」の出身地で、その歴史的資料が金城歴史民俗資料館に展示されている。

◇高知県四万十市立中村《なかむら》小学校

①村松人巳　②一一（特二）　③二六四　④高知県四万十市中村新町三―二〇　⑤〇八八〇（三四）一〇〇五　⑥土佐くろしお鉄道中村駅より徒歩二〇分、又はタクシーで五分　⑦ＨＰ㊒・無

主体的・対話的で深い学びの実現に向けた授業づくり
――各教科等における見方・考え方を働かせて――

「学習指導要領を具現化・実現する学校」を経営理念に知・徳・体の均整の取れた教育活動により、二十一世紀の社会を主体的に創造できる児童の育成を目指している。

令和元・二年度に国立教育政策研究所教育課程研究指定事業（国語科）に取り組み、令和三～五年度は高知県教育委員会「高知の授業の未来を創る」推進プロジェクト実践研究協働校事業により、「主体的・対話的で深い学びの実現に向けた授業づくり～各教科等における見方・考え方を働かせて～」を研究主題に、六教科（国語・算数・体育・理科・社会・外国語）において、中村中学校と連携しながら、九年間の学びをつなぐ資質・能力ベイスの授業づくりを目指して教育研究を重ねている。

〈近隣の教育・文化施設〉　四万十市郷土博物館（しろっと）（四万十市為松公園内《ためまつこうえん》）、四万十市トンボ自然公園・四万十川学遊館（あきついお）（四万十市具同田黒《ぐどうだぐろ》）がある。

◇長崎県佐世保市立江上《えがみ》小学校

①堤　祐子　②一五（特三）　③二八六　④長崎県佐世保市指方町二二三八二　⑤〇九五六（五八）二二一八　⑥ＪＲ早岐駅より車で一二分　⑦ＨＰ㊒・無

自ら学び続ける児童の育成
――学校内外の学びをつなぎ『学びの自走』へ――

本校は、授業と家庭学習をシームレスにつなぎ、学びを自己決定させることで児童の自己学習力を高め、学びが自走していくことを目標とした研究に取り組んでいる。そこで「長崎県授業改善メソッド」をベースに授業と家庭学習をつなぐ「江上小学びの習慣化メソッド」を構築した。授業は家庭での予習を取り掛かりとしてガイド役により児童主体で展開していく。また、ＩＣＴ活用により、個別・協働で課題解決を図り、終末では振り返りを行うことで自らの家庭学習の内容を決定していく。このメソッドを構築したことで、児童の学びへの主体性が格段に向上した。今後も更に実践を重ねる中で定着・深化させながら児童の学力向上を図っていく。

〈近隣の教育・文化施設〉　佐世保市は軍港として栄えた歴史をもち、現在もアメリカ軍基地と共存する国際色豊かな環境である。日本最古の豆粒文土器《とうりゅうもんどき》を所蔵する市立島瀬美術館がある。

◇沖縄県竹富町立白浜《しらはま》小学校

①長遠順二　②三　③一三　④沖縄県八重山郡竹富町字西表一四九九　⑤〇九八〇（八五）六三五九　⑥石垣港離島ターミナルから西表島上原港まで船で約五〇分、上原港から最寄りのバス停「白浜」までバスで約三〇分　バス停から学校まで徒歩五分　⑦ＨＰ㊒・無

社会で自立（自律）できる児童の育成
――地域の教育資源の活用と海洋教育の視点から――

本町では多くの子どもたちが中学校卒業後、島や親元を離れ、自立の道を歩むことになる。そこで本校では、夢や目標の実現に向けて、「社会で自立（自律）できる児童の育成」を目標に、「ふるさとの海、山、川を知り、今できることを考えよう」を海洋教育のテーマに、「海に親しみ、海を知り、海を守り、海を活用する」の視点から地域の教育資源や人材を活用した教育課程を編成し、地域の特色を生かした教育活動を展開している。

地域の豊かな自然や行事、多様な人々との関わりを通して、様々な価値観に触れ、地域社会との繋がりと郷土愛を深め、将来の夢や目標の実現に繋がるよう、主体的・対話的で深く学ぶ児童の姿を目指し実践に努めている。

〈近隣の教育・文化施設〉　西表島は、二〇二一年七月に「世界自然遺産」に登録されており、旧暦の五月四日には白浜地区の伝統行事「海神祭」が催される。

◇山梨県大月市立鳥沢《とりさわ》小学校

①土屋義寛　②九（特三）　③六八　④山梨県大月市富浜町鳥沢一九七九　⑤〇五五四（二六）五〇一五　⑥ＪＲ中央線鳥沢駅より徒歩五分　⑦ＨＰ㊒・無

教科担任制実施による成果と課題を探る
――理科専科として学力向上を図る――

児童数の減少に伴い、教職員定数の削減も心配される中、令和四・五年と当研究指定を受け〇・二五の加配をいただいた昨年度は、高学年の算数という枠組みで実施。本校では、六年生の算数として実践した。

授業形態や進度、評価の観点、及び児童の実態等を振り返りながら、二年目である今年度は、五・六年生の理科専科で実施していく。と同時に、専科教員の勤務形態も一考し、半日勤務ができる体制を組んだ。いくつかの変更点はあるものの、担任と専科教員での情報共有が求められること、本事業により学級経営への影響や、業務改善の有無等に関する視点は継続して研究していく。

〈近隣の教育・文化施設〉　「秀麗《しゅうれい》富嶽《ふがく》十二景《じゅうにけい》」に代表される山々に囲まれ、日本三大奇橋名勝「猿橋」を抱える桂川が流れる風光明媚な町である。

◇香川県高松市立木太北部《きたほくぶ》小学校

①井村新一　②一七（特五）　③三八三　④香川県高松市木太町二六一三　⑤〇八七（八三一）四一五〇　⑥JR高徳線木太町駅より徒歩一〇分、又はことでん志度線春日川駅より徒歩一二分　⑦HP㊒・無

未来をひらく子どもの育成
――みつめる・かかわる・つくりだす力を土台に――

学校教育目標は、「自ら学び　心豊かで　たくましい子どもの育成」である。研究テーマの「未来をひらく」には、「子どもたち一人一人が心をひらき、互いに尊重し合う」「みんなで新しい未来を切り拓く」という願いを込めている。

授業だけでなく全ての教育活動において「みつめる」力（物事を省察し、自己調整しながら、自己理解を深める）、「かかわる」力（人と協働しながら、相互理解を深め、貢献していく）、「つくりだす」力（探究を楽しみ、自己を表現しながら、生き方を創る）を育み、自己実現していくことを目指して研究と実践を進めている。

令和七年の秋に香川県小学校教育研究会生徒指導部会の研究発表会を開催予定である。

〈近隣の教育・文化施設〉　高松市は、瀬戸内海国立公園に面した市で、本校区の近くには、「栗林公園」や、源平合戦の古戦場で有名な「屋島」、「高松市こども未来館」などがある。

◇鹿児島県出水市立下水流《しもずる》小学校

①中熊信仁　②一〇（特三）　③二二八　④鹿児島県出水市高尾野町下水流三一六四―七　⑤〇九九六（八二）〇〇三九　⑥肥薩おれんじ鉄道高尾野駅よりタクシー七分　⑦HP㊒・無

自己肯定感を高め、自他を大切にできる子どもの育成
――チームによる発達支持的生徒指導を通して――

本校は、令和四・五年度にかけ、県指定の「いじめ対策プロジェクト」の研究校として取り組んでいる。研究の中心として、学力、豊かな人間関係育成に向けた自己指導能力を育成することに主眼をおいている。それが、いじめ防止につながる魅力ある学校の創造へとつながり、学校教育目標の具現化になると考えたからである。そのために、自己存在感の醸成、共感的な人間関係の構築、自己決定の場設定、安心・安全な学校、の四点を学校教育の中心に据えている。そして、全ての教育活動において発達支持的生徒指導を実践するよう全職員で取り組んでいる。その具体化のため全員一研究授業（相互参観）を通して授業と生徒指導の一体化を図っている。

〈近隣の教育・文化施設〉　日本最大級の出水《いずみ》麓《ふもと》武家屋敷群《ぶけやしきぐん》、ラムサール条約湿地登録「日本一のツル渡来越冬地」、世界一の竹灯籠《たけとうろう》のまち等、自然や文化が豊かな地である。

◇島根県松江市立大庭《おおば》小学校

①佐藤　淳　②二〇（特三）　③四九一　④島根県松江市大庭町一〇七四　⑤〇八五二（二一）四二三九　⑥JR松江駅よりバス三〇分　⑦HP㊒・無

誰もが大切にされる学校づくり
――不登校への組織的取組――

本校では、不登校・不登校傾向の児童及び家庭が、どこかと誰かとつながっているよう組織的に対応している。校内の人的リソースとして、スクールカウンセラー、子どもと親の相談員、サポートワーカーなどが配置され、対応のとりまとめ役は主幹教諭（生徒指導主任）である。スクールカウンセラーは県の重点事業として配置時間が加算されており、児童・保護者のカウンセリングはもとより、心理面の科学的学習を行う教育プログラムを全学級で実施している。子どもと親の相談員とサポートワーカーは、別室で学習を希望する児童に対する学びの保障などを行っている。これらの取組により、「誰もが大切にされる学校」の実現に向け日々取り組んでいる。

〈近隣の教育・文化施設〉　奈良時代の国庁跡、正倉跡など史跡多数で、古代のこの地方の中心地である。出雲地方の文化財を所蔵する「島根県立八雲立つ風土記の丘」がある。

◇山形県山形市立蔵王第二《ざおうだいに》小学校

①鈴木章人　②八（特三）　③八二　④山形県山形市蔵王上野字南坂二一一六　⑤〇二三（六八八）二五六五　⑥JR奥羽本線山形駅より九km、山交バス蔵王温泉線蔵王二小前バス停より二〇〇m　⑦HP㊒・無

思いを互いに伝え合い、学びを高める子どもの育成
――自己の振り返りから学びの価値付けと授業改善――

本校は歌人、斎藤茂吉の母校であり、短歌鑑賞会を通して思いを伝え合う小学校である。授業において、目指す子ども像の具現化に向けて、授業づくりの柱をもとにしながら実践を積み重ねるとともに、子どもの振り返りを通して学びの価値付け、授業改善を行っている。目指す子ども像を、「思いを互いに伝え合う子ども」ととらえ、その具現化は、「学習の見通し」「考えをもつ」「交流」をサイクルさせながら、教師の意図とする適切な場面で、その都度「振り返り」を大切にすることで、目指す子ども像に近付けると考える。「学びを高める子どもの育成」は、学びの姿を確立することによって、子どもたち個々の学びを高めることになると考える。

〈近隣の教育・文化施設〉　学校の敷地内には斎藤茂吉が本校の子どもたちに向けて歌った歌碑が建立されている。近隣には茂吉の歌碑が二十五基建立され、上山市には斎藤茂吉記念館がある。

◇福島県喜多方市立豊川《とよかわ》小学校

①杉原　智　②七（特二）　③一〇一　④福島県喜多方市豊川町一井字八百苅六八八　⑤〇二四一（二二）〇五九九　⑥ＪＲ東日本喜多方駅よりタクシーで五分　⑦ＨＰ㊒・無

農業体験による豊かな心、社会性、主体性の育成
――農業科の活動を通して――

本校が取り組む農業科は、喜多方市を代表する教育であり、喜多方市内全ての小学校で行われている。

平成十九（二〇〇七）年春から始まった農業科は、国の構造改革特別区域として小学校農業教育特区の認定を受け、設置された全国初の教科であるが、現在は総合的な学習の時間の中に組み込み実施している。地元農家である農業科支援員の応援を受け、稲作と畑作を基本に、児童が種まきから収穫、料理作りまでを体験している。

本校では、農業のもつ教育的効果と体験活動の重要性を踏まえ、児童の豊かな心の育成、社会性の育成、主体性の育成を目標に掲げ、農業活動を推進している。

〈近隣の教育・文化施設〉　「蔵のまち」喜多方市内には、蔵を展示する「蔵の里」、煉瓦蔵をイメージした「喜多方市美術館」、化石発掘体験のできる「カイギュウランドたかさと」がある。

◇東京都港区立芝浜《しばはま》小学校

①宮﨑直人　②一七　③五二六　④東京都港区芝浦一―一六―三一　⑤〇三（三七六九）三〇五一　⑥ＪＲ山手線・京浜東北線田町駅より徒歩五分　都営浅草線・都営三田線　三田駅より徒歩六分　⑦ＨＰ㊒・無

主体的に問いをもち、解決しようとする児童の育成
――地域とのつながりを通して――

本校は、令和四年四月に開校した新設校である。近隣はかつて「芝浜」と呼ばれ、古典落語「芝浜」の舞台になった地域である。校舎は九階建てのビルで、この中に学校として必要な設備が全て備わっている。

目指す学校像を「地域とともにあり、地域に開かれた学校」として、地域の人との交流活動や地域の施設を活用した学習など様々な体験活動を推進し、豊かな人間性を育んでいる。

令和五年度東京都地域人材・資源活用推進校、令和五・六年度港区教育委員会研究奨励校に指定された。今後も、地域と連携した教育活動を積極的に実施することにより、児童が生き生きと学び、保護者に信頼され、地域に愛される開かれた学校づくりを推進していく。

〈近隣の教育・文化施設〉　学校に隣接する「みなとパーク芝浦」には、スポーツセンターなどがある。学校の近くにある「港区立伝統文化交流館」では、地域の歴史等を学ぶことができる。

◇東京都豊島区立豊成《ほうせい》小学校

①山本知範　②一三　③三八九　④東京都豊島区上池袋一―一八―二四　⑤〇三（三九一八）二三一五　⑥JR山手線大塚駅より徒歩七分　⑦HP㊒・無

SDGs達成の担い手育成に向けて
――地域の企業との協働授業を通して――

豊島区ではSDGs未来都市として、SDGs担い手育成事業が進められている。それを受け、本校では地域の企業である株式会社良品計画と協働で授業を進めてきた。授業のテーマは「水」「防災」「フードロス削減」の三つである。

「水」の授業では、海洋プラスチック問題について学び、ペットボトル削減について考えることができた。「防災」の授業では、「いつものもしも」という観点でいつも使っているものがもしもの時に役立つということを学んだ。「フードロス削減」の授業では、リサイクル率の高い物を活用することのよさについて知ることができた。今後も協働での授業を通して、SDGsについての学びを深めていく。

〈近隣の教育・文化施設〉　「トキワ荘」「サンシャインシティ」「巣鴨地蔵通り」「池袋駅」など、国際アートカルチャー都市として、多岐にわたる魅力的な施設が数多くある。

◇長野県千曲市立更級《さらしな》小学校

①松澤幸嗣　②八（特二）　③一五二　④長野県千曲市羽尾一八六四　⑤〇二六（二七五）〇〇五二　⑥しなの鉄道戸倉駅より車で一〇分、又は長野自動車道更埴ICより車で二〇分　⑦HP㊒・無

地域に学び、体験し、地域を愛する子どもを育てる
――地域産業の体験・地域の祭りへの全校参加――

「我が心慰めかねつ更級や姨捨山に照る月を見て」と、平安時代の古今和歌集にも詠われた更級の地は、昔から月見の名所として有名だった。また、地域の円光房遺跡から縄文時代の土器や住居跡が発掘された。このことから、人々が遙か古の昔より脈々と生活していた地でもあることが分かる。

その地に住む子どもたちが、地域を愛し、地域を守り育てていく気持ちを強くもつため、本校では地域と連携した様々な活動に力を入れている。リンゴの栽培・収穫、姨捨棚田の米づくり、毎年十月下旬にさらしなの里歴史資料館で行われる縄文まつりへの全校児童参加など、積極的に地域へ出掛けて体験する活動について地域の方々の協力を得ながら研究を進めている。

〈近隣の教育・文化施設〉　更級の地は、令和三年度に「月の都　千曲」として日本遺産に登録された。姨捨の棚田に映る田毎の月や、美肌の湯として有名な戸倉上山田温泉が有名である。

◇富山県滑川市立南部《なんぶ》小学校

①内生蔵久美　②八（特二）　③一四八　④富山県滑川市赤浜七二七　⑤〇七六（四七五）〇五二四　⑥富山地方鉄道中加積駅より徒歩二五分、又はあいの風とやま鉄道滑川駅よりタクシーで一二分　⑦ＨＰ㊒・無

地域とともに
――二つの心、三つの心、合わせよう――

本校は旧中加積小学校と旧山加積小学校の統合から、創立四十四年を迎えた。校歌には、「二つの心、三つの心、合わせよう」という言葉がある。「二つ」は統合される中加積小学校と山加積小学校の二つの地域を表し、「三つ」は児童、保護者、教師を表す。二つの学校が心を合わせて一つの学校を創っていこうという思いが込められている。本校では、山加積小学校から引き継いで、マンドリン活動を行っている。四～六年生が練習を重ね、学校の教育目標にある「心を一つに」して学校行事等で演奏を披露している。また、地域は学校教育や社会教育に対して理解が深く、読み聞かせ、マンドリン指導や放課後子ども教室の指導等の協力を多く得ている。

〔近隣の教育・文化施設〕　校区は、多くの農民を救ったことで知られる富山の偉人椎名道三の生誕の地であり、道三が手がけた「東福寺野用水」、「椎名道三翁顕彰碑公園」や「サイフォン管」等がある。

Ⅳ　施設・設備・教育環境

●その他の教育環境

◇長野県須坂市立須坂《すざか》小学校

①小松賢吾　②八（特一）　③二一七　④長野県須坂市大字須坂七八〇　⑤〇二六（二四五）〇〇七一　⑥長野電鉄須坂駅より徒歩一九分、又はタクシーで五分。　⑦ＨＰ㊒・無

「共生社会の担い手となる子どもの育成」
――併設する須坂支援学校との交流を通して――

令和五年に創立百五十周年を迎えたが、須坂市の「地域の子どもは地域で育てる」の理念のもと、同じ校舎内に県内唯一の市立支援学校である須坂支援学校が併設されている。学校教育目標「自ら学び続け、共生社会を主体的に生きる児童の育成」に向け、運動会、音楽会、避難訓練などの学校行事は共催として支援学校との日常的な交流をし、ＰＴＡも両校で一つの組織を作っている。

共有の場所も多く、日常的に互いの姿を見ながら生活しているため、休み時間も自然な形で一緒に野球をしたり、互いの教室を当たり前のように行き来したりしている。共に過ごす仲間として様々な交流を通し、共生社会の担い手となる子どもの育成を目指している。

〔近隣の教育・文化施設〕　長野市の隣に位置し、江戸時代は須坂藩の陣屋町であった。明治から昭和初期は製糸業で栄え、今も土蔵や大壁造りの商家が残り、蔵の町として知られている。

令和６年度研究開発学校新規指定校（予算措置有り）

国公私	都道府県	学校名	研究開発課題
国	新潟県	新潟大学附属長岡中学校　外２校（園）	Society 5.0 におけるものづくりに関連する指導内容の整理・統合を行い、新教科「ものづくり科」を設置する。このことにより、官民学のリソースを効果的に活用した「リアル」×「デジタル」を融合した次世代のものづくりカリキュラム開発を通じて、イノベーション人材に必要な資質・能力の育成とその評価の在り方について研究開発を行う。
国	大阪府	大阪教育大学附属平野小学校	新教科「未来探究科」を創設し、探究的な学びの中で持続可能な社会の創り手となるための資質・能力を育成するとともに、教科横断・統合を中核としたカリキュラム・マネジメントで教育課程全体を再編することを目的とした教育課程に関する研究開発を行う。
国	兵庫県	神戸大学附属幼稚園　外９園	幼稚園教育要領における５領域の構成と小学校学習指導要領上の用語の不一致が、小学校教師の幼児教育への理解を停滞させているとの課題認識に立ち、幼稚園教育要領における「領域」の枠組みを資質・能力の観点から再編し、学習指導要領上の用語の整合性を図ることにより、幼小双方の教師の理解を促進し、幼小の接続を推進するカリキュラムと指導方法の研究開発を行う。
国	福岡県	福岡教育大学附属福岡小学校	持続可能な未来社会を共に創る主体を育むための、３つの新領域（ア 個別探究「チャレンジ」、イ 異年齢・同興味探究「テーマ」、ウ 第１～６学年の異年齢集団で生活を創る「生活創造活動」）を位置付けたカリキュラム開発、及び学びの履歴アプリケーション「マイ・カリキュラム」の構築に係る研究開発を行う。
公	東京都	目黒区立中目黒小学校　外23校	全ての子供たちの可能性を引き出す個別最適な学びと、協働的な学びの実現を図るため、学校教育法施行規則の規定によらず１単位時間を変更し、一人一人の自己調整力を高める取組を一層重視した弾力的な教育課程の編成・実施の在り方について研究開発を行う。 ※同様の研究内容のもとで相互に連携して実施予定。
公	滋賀県	愛荘町立秦荘西小学校	

（参考）令和６年度研究開発学校名目指定校（予算措置無し）

国公私	都道府県	学校名	研究開発課題
国	東京都	お茶の水女子大学附属小学校	社会の変化と主体的に向き合う市民を育成するため、自ら学びを構想し、主体的に学ぶ新領域「てつがく創造活動」を中核に据え、メタ認知スキルや社会情意的スキルを育成する教育課程の研究開発を行う。
国	東京都	筑波大学附属小学校	資質・能力の育成を志向するために真に必要な各教科等の本質をなす主要な概念の抽出、指導内容の構造化、およびそれらに立脚した新しいカリキュラム創出に関する研究開発を行う。

岡山県小学校長会事務局	〒700-0823	岡山市北区丸の内１－２－12 ℡086-222-4314　FAX086-222-4307
広島県連合小学校長会事務局	〒732-0052	広島市東区光町１－11－５ チサンマンション1003号 ℡082-263-6381　FAX082-262-3822
山口県小学校長会事務局	〒753-0072	山口市大手町２－18 山口県教育会館内 ℡083-925-2919　FAX083-925-6776
徳島県小学校長会事務局	〒770-0003	徳島市北田宮１－８－68 徳島県教育会館内 ℡088-633-1525　FAX電話兼用
香川県小学校長会事務局	〒760-0004	高松市西宝町２－６－40 香川県教育会館402号 ℡087-861-0845　FAX087-861-0849
愛媛県小中学校長会事務局	〒790-8545	松山市祝谷町１－５－33 エスポワール愛媛文教会館内 ℡089-921-4320　FAX089-921-4943
高知県小中学校長会事務局	〒781-2120	吾川郡いの町枝川2410-7 中部教育事務所３階 ℡088-821-9520　FAX088-821-9521
福岡県小学校長会事務局	〒812-0053	福岡市東区箱崎２－52－１ 福岡リーセントホテル１階 ℡092-292-2292　FAX092-292-2294
佐賀県小中学校校長会事務局	〒840-0814	佐賀市成章町２－16 佐賀県婦人会館３階 ℡0952-24-8669　FAX電話兼用
長崎県校長会事務局	〒850-0029	長崎市八百屋町36 長崎県教育会館２階 ℡095-823-3682　FAX095-821-8275
熊本県小学校長会事務局	〒862-0950	熊本市中央区水前寺３－30－31 熊本文教会館内 ℡096-384-3242　FAX096-384-7409
大分県小学校長会事務局	〒870-0951	大分市大字下郡496－38 大分県教育会館内 ℡097-556-2655　FAX097-535-7088
宮崎県小学校長会事務局	〒880-0027	宮崎市西池町９－８ （一財）宮崎県校長会館内 ℡0985-24-9981　FAX0985-32-8595
鹿児島県連合校長協会事務局	〒890-0056	鹿児島市下荒田４－32－13 （一財）鹿児島県校長会館内 ℡099-257-9676　FAX099-257-9679
沖縄県小・中学校長会事務局	〒900-0014	那覇市松尾１－６－１ 沖縄県教職員共済会館　八汐荘３階 ℡098-943-9747　FAX098-943-9748

全国連合小学校長会事務局	〒105-0003	東京都港区西新橋１－22－14 ℡03-3501-9288　FAX03-3501-7906 ℡03-3501-9677

長野県小学校長会事務局	〒380-0846	長野市旭町1098 信濃教育会館４階 TEL026-234-3579　FAX026-234-3624
新潟県小学校長会事務局	〒950-0088	新潟市中央区万代１－３－30 万代シテイホテルビル３階 TEL025-290-2231　FAX025-245-6060
岐阜県小学校長会事務局	〒500-8816	岐阜市菅原町3-3 （一財）岐阜県校長会館内 TEL058-265-0338　FAX058-263-8892
静岡県校長会事務局	〒420-0856	静岡市葵区駿府町１－12 静岡県教育会館４階 TEL054-251-4811　FAX054-251-4812
愛知県・名古屋市小中学校長会事務局	〒460-0007	名古屋市中区新栄１－49－10 愛知県教育会館６階 TEL052-261-8152　FAX052-261-6807
三重県小中学校長会事務局	〒514-0003	津市桜橋２－142 三重県教育文化会館内 TEL059-227-7011　FAX059-227-7317
富山県小学校長会事務局	〒930-0018	富山市千歳町１－５－１ 富山県教育記念館内 TEL076-441-1129　FAX076-441-1344
石川県小中学校長会事務局	〒920-0918	金沢市尾山町10－５ 石川県文教会館内 TEL076-262-4916　FAX076-262-9788
福井県小学校長会事務局	〒910-0854	福井市御幸３－10－20 近藤ビル１階 TEL0776-25-0142　FAX電話兼用
滋賀県小学校長会事務局	〒520-0807	大津市松本１－２－１ 滋賀県大津合同庁舎６階 TEL077-525-1011　FAX077-521-7345
京都府小学校長会事務局	〒612-0064	京都市伏見区桃山毛利長門西町 京都府総合教育センター内 TEL075-621-8123　FAX電話兼用
大阪府小学校長会事務局	〒557-0014	大阪市西成区天下茶屋１－16－５ TEL06-4703-5428　FAX06-4703-5426
兵庫県小学校長会事務局	〒650-0044	神戸市中央区東川崎町１－３－２ 神戸市総合教育センター812号 TEL078-360-3820　FAX078-360-3520
奈良県小中学校長会事務局	〒634-0061	橿原市大久保町302－１ 奈良県市町村会館４階 TEL0744-29-8331　FAX0744-29-8332
和歌山県連合小学校長会事務局	〒640-8331	和歌山市美園町２－63 和歌山市立城東中学校内 TEL073-433-4661　FAX073-433-4677
鳥取県小学校長会事務局	〒680-0051	鳥取市若桜町31 カナイビル３階 TEL0857-29-4970　FAX0857-29-4972
島根県小学校長会事務局	〒690-0886	松江市母衣町55 島根県教育会館内 TEL0852-27-8530　FAX0852-67-3360

都道府県小学校長会事務局一覧

（令和６年４月現在）

北海道小学校長会事務局	〒060-0005	札幌市中央区北５条西６丁目１－23 第二北海道通信ビル306号 ℡011-218-9850　℻011-218-9851
青森県小学校長会事務局	〒030-0822	青森市中央２－17－13 青森市立浦町小学校内 ℡017-777-9911　℻017-777-9600
岩手県小学校長会事務局	〒020-0885	盛岡市紺屋町２－９ 盛岡市勤労福祉会館内 ℡019-623-8955　℻019-623-8956
宮城県小学校長会事務局	〒980-0822	仙台市青葉区立町8-１ 仙台市立立町小学校内 ℡022-398-3924　℻022-398-3925
秋田県小学校長会事務局	〒010-0065	秋田市茨島１－４－71 秋田市教育研究所内 ℡018-827-7521　℻電話兼用
山形県連合小学校長会事務局	〒990-0044	山形市木の実町12－37 大手門パルズ４階 ℡023-634-8555　℻023-632-5748
福島県小学校長会事務局	〒960-8107	福島市浜田町４－16 富士ビル２階 ℡024-534-5411　℻024-531-1195
茨城県学校長会事務局	〒311-1125	水戸市大場町933－１ 教育プラザいばらき内 ℡029-269-1300　℻029-269-1304
栃木県小学校長会事務局	〒320-0066	宇都宮市駒生１－１－６ 栃木県教育会館 ４階 ℡028-624-8170　℻028-666-7123
群馬県小学校長会事務局	〒371-0801	前橋市文京町２－20－22 ℡027-223-7158　℻027-223-7156
埼玉県公立小学校校長会事務局	〒336-0021	さいたま市南区別所１－２－８ インテルＵ403 ℡048-711-9851　℻048-711-9871
千葉県小学校長会事務局	〒260-0013	千葉市中央区中央４－13－10 千葉県教育会館内 ℡043-227-1441　℻043-227-1444
東京都公立小学校長会事務局	〒105-0003	港区西新橋２－９－４ 川西ビル２階 ℡03-3506-1878　℻03-3506-1879
神奈川県公立小学校長会事務局	〒220-0053	横浜市西区藤棚町２－197 神奈川県教育会館内 ℡045-242-7608　℻045-242-7623
山梨県公立小中学校長会事務局	〒400-0031	甲府市丸の内３－33－７ 山梨県教育会館内 ℡055-226-0981　℻055-226-0976

全国特色ある研究校・都道府県別索引

広報部会（令和５年度）

広報部長	三坂　明子	（東京都小平市立学園東小学校長）
広報副部長	小林　克宏	（群馬県前橋市立細井小学校長）
広報書記	桂本　和弘	（長野県須坂市立小山小学校長）
広報部員	平川　惣一	（東京都江戸川区立第二葛西小学校長）

シリーズ等編集委員会（令和５年度）

委員長	山崎　尚史	（東京都青梅市立第二小学校長）
副委員長	末吉　真弓	（千葉県千葉市立泉谷小学校長）
書　記	飯沼　一彦	（山梨県富士河口湖町立大石小学校長）
委　員	増田　正夫	（埼玉県加須市立加須小学校長）
委　員	山形　寿美子	（神奈川県横須賀市立豊島小学校長）

全国特色ある研究校便覧（令和６・７年度版）

令和６年５月２４日　初版第１刷

編　者　全国連合小学校長会
代　表　植　村　洋　司

発行人　大　平　聡
発行所　株式会社　第　一　公　報　社
〒112-0002　東京都文京区小石川４-４-17
電話 03（6801）5118　FAX 03（6801）5119
振替　東京00190-1-115569

編者承認
検印省略

印刷所　大村印刷株式会社

ISBN978-4-88484-900-9